O LIVRO DA MEDICINA
Moacyr Scliar

O LIVRO DA MÚSICA
Arthur Nestrovski

O LIVRO DO GUITARRISTA
Tony Bellotto

O LIVRO DO ATOR
Flavio de Souza

O LIVRO DA DANÇA
Inês Bogéa

O LIVRO DO CIENTISTA
Marcelo Gleiser

O LIVRO DO DENTISTA
Daniel Korytnicki

O LIVRO DO PALHAÇO
Cláudio Thebas

O LIVRO DO PSICÓLOGO
Yudith Rosenbaum

COLEÇÃO PROFISSÕES

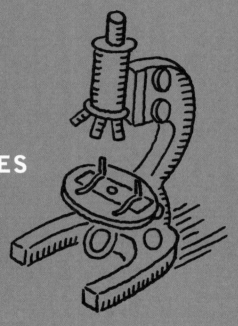

O livro do CIENTISTA

MARCELO GLEISER

Ilustrações de *Marcelo Cipis*

Aos futuros cientistas do Brasil

SUMÁRIO

11   **Contando estrelas**

15   **O berço da ciência**

21   **Torre inclinada**

27   **Lua esburacada**

37   **Maçã e lua cadente**

40   **A inspiração de Newton**

43   **O mundo-máquina**

45   **O mistério do fogo**

47   **A química das estrelas**

51   **Ondas de luz**

57   **O misterioso mundo dos átomos**

60   **Escada quântica e salada de frutas**

63   **A coragem do cientista**

64   **Nem tudo é relativo**

68   **O que a ciência explica e o que ela não explica**

70   **Um encontro com XYZ, o Extraterrestre**

72   **Encurvando o espaço e o tempo**

74   **O Universo e o balão**

77   **O big-bang**

80   **Falando de vida e de girafas**

87   **Dize-me os teus genes que te direi quem és**

89   **Namorando a Natureza**

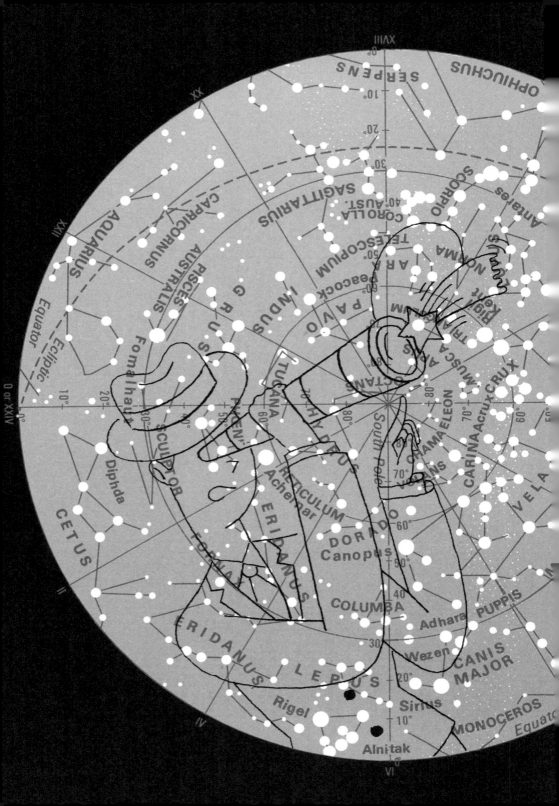

CONTANDO ESTRELAS

"Mas quem é que vai te pagar para você ficar contando estrelas, filho? Você não acha essa sua ideia de ser 'físico' meio maluca? Afinal de contas, o que é que significa ser cientista? É ficar pensando no mundo, dando aulas na universidade? É isso? É esse o futuro que você quer? Coisa de sonhador, isso sim!" Assim discursou meu querido pai quando tive coragem de lhe dizer que havia decidido me transferir do curso de engenharia química para o curso de física. Eu já sabia que isso ia acontecer. Meu pai, um excelente dentista, queria que eu aplicasse meu interesse pela ciência em coisas mais concretas, mais práticas, do que o estudo do Universo, das estrelas, dos átomos e de coisas ainda menores do que eles. Achava, e com certa razão, que eu podia me dedicar à ciência "como hobby", nas horas vagas, "como o que eu faço com o meu piano". Do mesmo jeito que ninguém precisa ser músico ou tocar um instrumento para gostar de música, ninguém precisa ser cientista para apreciar as fantásticas descobertas da ciência. Pois é, meu pai achava que eu devia cursar engenharia: "O Brasil precisa de engenheiros", dizia, sem dúvida com ótimas intenções. Meu pai, como todos os pais, queria o melhor para mim. E, na visão dele, ser cientista era uma escolha meio arriscada para o meu futuro profissional.

O resultado dessa "campanha paterna" foi que acabei prestando vestibular para a faculdade de engenharia química da Universidade Federal do Rio de Janeiro. E lá fiquei por

Meu pai, numa de suas horas vagas >

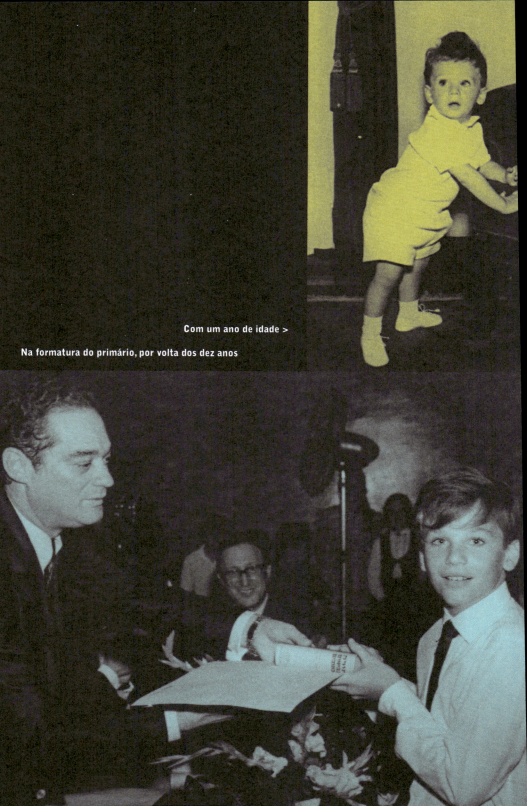

Com um ano de idade >

Na formatura do primário, por volta dos dez anos

dois anos, fazendo o ciclo básico, os dois primeiros anos do curso de engenharia que, felizmente, têm muito em comum com o de física. Não que eu tenha alguma coisa contra os engenheiros. Muito pelo contrário! Meu problema não era a engenharia em si, mas o que eu queria fazer da minha vida. Bem que tentei gostar de engenharia. Pensei até em certos projetos em que poderia trabalhar, como o re-processamento de lixo para eliminar a poluição, ou o uso da energia solar. Mas não tinha jeito. Eu era uma negação no laboratório de química, e só queria saber de assuntos mais exóticos ("coisas de so-nhador"), como a Teoria da Relatividade de Einstein, os buracos negros, os elétrons e a radioatividade, a origem do Universo...

Desde pequeno, sempre fui fascinado pelos mistérios do mun-do. Quando tinha uns sete anos, Luiz e Rogério, meus irmãos mais velhos, ganharam um livro sobre animais chamado *Os mamíferos*. Pois é, irmão mais velho não serve só para atazanar a vida dos me-nores. Às vezes, entre algumas torturas domésticas, como quando eles botaram pimenta no meu pão e disseram que era "molho da carne, que você gosta tanto", ou quando o Rogério resolveu tes-tar na minha perna a pressão (que era, claro, bem fraquinha) do revólver de chumbinho, meus irmãos dividiam um pouco da sua "sabedoria" com o insignificante caçula. (Mas minha vingança não tardou. Quando eu tinha dez anos, meu pai casou de novo, e eu também ganhei um irmão caçula para atazanar...) Sentavam-se durante horas comigo (bem, talvez uma meia hora) para ler o livro sobre mamíferos, e me explicavam todos os detalhes e diferenças entre um leopardo e uma chita, ou entre uma baleia e um narval. (Você sabe o que é um **narval**?)

E eu me perguntava como era possível existirem tantos animais no mundo. Será que uns três ou quatro já não bastariam? O que determinava quantos animais podiam existir na Terra? Será que havia alguma explicação para isso? A coisa ficou ainda mais interessante quando descobri que não foi sempre que existiram os animais, ou mesmo a Terra. Animais aparecem e desaparecem (ou se tornam extintos), e a Terra se formou há aproximadamente 4,5 bilhões de anos. Ou seja, tudo o que existe, das montanhas e oceanos aos animais, e até o próprio mundo, *tem uma história com começo, meio e fim.*

Essa foi a revelação mais importante da minha vida. Se tudo tem uma história, talvez seja possível descobri-la. Como surgem e desaparecem os animais, os planetas, as estrelas, e mesmo o Universo, que contém tudo o que existe? O que pode ser mais fascinante do que passar a vida tentando decifrar esses mistérios? Era isso que eu queria fazer quando crescesse, ser um detetive da Natureza, buscando aqui e ali pistas que explicassem por que as coisas são como são. E foi o que acabou acontecendo quando me transferi da engenharia para a física e resolvi ser cientista. Concluí que é inútil tentarmos ser o que não somos. Se eu ficasse na engenharia, mesmo que me tornasse um engenheiro eficiente, passaria o resto da vida frustrado, pensando no que teria acontecido se eu tivesse tido coragem de ser cientista. E frustrado eu não queria ser. Afinal, a vida é uma só. Meu pai, sábio que era, entendeu isso muito bem e me deu a sua bênção. No meu céu, nenhuma estrela brilha tão forte quanto a dele.

O BERÇO DA CIÊNCIA

Vamos começar nossa aventura científica fazendo uma viagem imaginária no tempo. Num piscar de olhos estamos na Grécia antiga, em torno de 650 anos antes do nascimento de Cristo (abreviando, 650 a. C.). Quando falamos da Grécia antiga, não podemos pensar que se trata da mesma que vemos nos mapas modernos. Naquela época, o Império grego estendia-se por uma grande parte da costa do Mediterrâneo, incluindo o sul da Itália, a costa oeste da Turquia e regiões do Norte da África. Nossa história começa na cidade de Mileto, na costa oeste da Turquia. Lá vivia um homem muito sábio chamado Tales, ou Tales de Mileto. Tales é considerado o primeiro dos filósofos, pessoas que passam boa parte da vida tentando entender como funcionam o mundo e os homens, tarefa nada fácil. Como você pode imaginar, os filósofos adoram uma boa discussão.

As colônias gregas por volta de 550 a.C.

O herói grego Hércules tenta roubar o trípode sagrado do oráculo de Apolo

Mas por que Tales é considerado o primeiro filósofo? Antes dele, quando as pessoas tinham alguma dúvida sobre o mundo, iam buscar a resposta na religião. Por exemplo, se alguém queria saber por que o Sol reaparece todos os dias pela manhã, a resposta seria: "Porque o deus Hélio transporta o Sol em sua carruagem de fogo através do céu e a viagem demora um dia". A resposta para cada pergunta sobre a Natureza — "Como a Terra surgiu?"; "E os homens, animais e plantas?"; "Por que o vulcão entrou em erupção?"; "Por que apareceu um cometa no céu?" — dependia da ação de algum deus ou de alguma deusa. Aliás, os gregos não estavam sozinhos nisso. As explicações para os fenômenos da Natureza dadas por todas as culturas e civilizações que conhecemos — os babilônios, os egípcios, os homens das cavernas, os índios ianomâmis do Amazonas, os druidas (você conhece o Panoramix, da história em quadrinhos *Asterix, o Gaulês*?) — dependiam das ações dos seus deuses.

Tales foi o primeiro a procurar explicações sobre o mundo usando a cabeça e não seres sobrenaturais. Acreditava que homens e mulheres deviam usar a capacidade de raciocínio (a razão) e não a superstição para obter respostas sobre os mistérios do mundo. Para ele, a questão mais importante era descobrir qual a substância que compõe tudo o que existe, ou, em palavras mais elaboradas, qual a essência material de todas as coisas. Tales pensava que tudo no mundo, inclusive os animais, a terra e as rochas, era feito da mesma substância fundamental. E qual era essa substância? Tales achava que era a água. É: para ele, tudo era feito de água.

Já posso até ver sua cara de desprezo: "Que resposta boba! Tudo é feito de água! Pedra também?". Pedra também. A resposta de Tales parece boba, mas não é. Para ele, a água representava a capacidade da Natureza de estar sempre em transformação: a água dos rios e dos mares evapora, vai para a atmosfera e retorna para a Terra em forma de chuva, e a água sempre se molda à forma do objeto que a contém (uma piscina, um copo). Além disso, sem água a vida é impossível; a maior parte da Terra está coberta de água; nosso corpo contém mais de 60% de água etc. Ou seja, a água não só é a substância mais importante que existe no mundo, mas também representa o que, para Tales, é o aspecto mais fundamental da Natureza: sua capacidade de transformação constante.

Do nosso ponto de vista moderno, mais importante do que a resposta de Tales é o fato de ele não ter apelado para os deuses, de ter sido o primeiro a tentar responder a uma pergunta sobre a estrutura material do mundo usando seu raciocínio e coisas que existem no mundo (a água), e não deuses imortais.

As ideias de Tales foram criticadas por seus discípulos. Um achava que tudo era feito de ar; outro dizia que a substância fundamental que compõe todas as coisas não é a água ou o ar, mas algo mais misterioso, etéreo, uma espécie de fluido universal que entra e sai de tudo o que existe. Essa discussão toda foi muito valiosa, feito um bom debate na sala de aula. É sempre útil termos nossas próprias ideias e pensarmos sobre tudo o que aprendemos. Senão, escola vira decoreba e fica chata. Garanto que se você prestar atenção nas aulas e fizer perguntas, sua professora irá ficar satisfeita. (Pelo menos, deveria.)

Outro grande filósofo, que viveu um pouco depois de Tales, Heráclito, dizia que a substância fundamental era o fogo, que transforma todas as coisas. Ele também acreditava que a Natureza estava sempre em fluxo, se transformando. Uma de suas frases mais famosas é: "Você jamais poderá pisar duas vezes no mesmo rio". Isso porque, quando você puser o pé na água pela segunda vez, o rio já não será o mesmo. Nem você.

Embora esses filósofos tenham começado a pensar sobre o mundo cientificamente, ainda não podemos chamá-los de "cientistas". Ciência não pode depender só de pontos de vista individuais, de opiniões debatidas verbalmente. Afinal, numa discussão, em geral ganha o melhor argumentador, esteja ele certo ou errado. Imagine a confusão que seria se cada cientista tivesse sua própria teoria de como o Sol brilha, ou de como se deve pôr um foguete em órbita ou projetar um carro. Sem dúvida não ia dar certo, e nós ainda estaríamos morando nas cavernas e caçando nosso jantar nas florestas. (Isso até poderia ser divertido por alguns dias, mas para sempre garanto que não seria.) A grande, e fundamental, diferença entre ciência e filosofia é que em ciência é necessário haver consenso entre os cientistas, e esse consenso só pode ser obtido por meio de observações e experimentos que confirmem (ou não) as previsões de uma dada teoria. Assim, em ciência, ser o melhor argumentador só funciona por pouco tempo; mais cedo ou mais tarde outros cientistas irão testar a sua ideia, e se ela estiver errada, vai para a lata de lixo! Os gregos não tinham desenvolvido o que chamamos de "método científico", o sistema que comprova ou reprova ideias propostas por cientistas mediante constante experimentação. Não adianta dizer: "*Eu acho* que a bola vai demorar dez segundos para cair lá do décimo andar". A medida tem de ser feita, e a teoria aceita é aquela que prevê corretamente o tempo de queda da bola. (Espero que ninguém resolva jogar coisas pela janela para testar suas teorias e depois diga que foi ideia do Marcelo.)

TORRE INCLINADA

Por falar em bolas caindo do décimo andar, o italiano **Galileu Galilei**, considerado por muitos o primeiro cientista moderno, fez experimentos desse tipo, observando objetos caírem de uma certa altura. É que, naquela época, quase todo mundo acreditava nas ideias do grande filósofo Aristóteles, que viveu uns duzentos anos após Tales. Segundo ele, as coisas caíam no chão porque esse era o seu "lugar natural". Como vários outros filósofos gregos da Antiguidade, Aristóteles dividia a Natureza em quatro elementos básicos: o fogo, o ar, a água e a terra. Cada um desses elementos tinha o seu lugar apropriado. O que era feito de terra, tinha de ficar perto da terra; a água ficava sobre a terra; o ar, sobre a água, e o fogo ficava acima de tudo. É por isso, dizia ele, que naturalmente as coisas sólidas caem no chão e o fogo sobe para os céus, sem ninguém empurrá-los para baixo ou para cima. Dizia ainda que, quanto mais pesado um objeto, mais rápido ele cai no chão. Galileu, que era muito esperto, resolveu pôr à prova as ideias de Aristóteles.

Conforme conta seu primeiro biógrafo, Galileu reuniu uma multidão em torno da torre de Pisa — aquela que de tão inclinada parece que vai cair a qualquer momento — para assistir a uma série de experimentos que ele havia planejado, numa espécie de "teatro da física". Galileu escolheu a torre porque por volta de 1590 não existiam arranha-céus na Itália. (De acordo com as últimas notícias, a famosa torre foi estabilizada e parou de se inclinar, graças à injeção de enormes quantidades de concreto em sua base.)

Os detalhes do evento não são muito claros, mas podemos imaginar o que aconteceu. Do alto da torre, Galileu deixa cair uma bola de chumbo e outra de madeira, e pede que as pessoas digam qual cai mais rápido. O resultado? As duas caem ao mesmo tempo. Depois ele deixa duas bolas de chumbo caírem, uma duas vezes maior do que a outra. Qual cai mais rápido? Novamente, as duas caem ao mesmo tempo! (As pequenas diferenças se devem à fricção do ar.) Galileu concluiu que todos os objetos caem no chão ao mesmo tempo, independentemente de sua massa (quantidade de matéria) ou composição.

> Você também pode fazer essa experiência, deixando objetos diferentes caírem da mesma altura e checando se eles caem ao mesmo tempo ou não. Se houver pequenas diferenças, elas se devem ao atrito com o ar. Mas vê lá se não tem ninguém passando embaixo! Eu sei que é tentador jogar balões cheios de água no gato do vizinho.

Essas experiências levaram Galileu a concluir algo muito importante sobre a queda dos objetos. Ele mostrou que, quando um objeto cai, sua velocidade cresce de forma regular, e esse aumento não depende de sua composição ou massa. A mudança na velocidade se chama "aceleração": como num carro, a velocidade muda se o motorista pisa no acelerador. Segundo Galileu, a Terra acelera do mesmo jeito a queda de todos os objetos. Essa aceleração se deve à atração gravitacional entre a Terra e o objeto que está caindo. Com seus experimentos, Galileu não só descobriu isso, como obteve uma fórmula matemática capaz de prever quanto tempo

O Rei Luís XIV visita o observatório, em Paris >

demora para um objeto cair de uma certa altura. De acordo com ele, a Natureza tem de ser descrita por meio da matemática. Assim, quando um cientista observa um determinado fenômeno, como a queda de um objeto, ele pode, fazendo várias experiências, e coletando e analisando os dados, obter uma fórmula matemática que descreve o fenômeno observado e muitos outros. Por exemplo, a fórmula de Galileu que descreve a queda de objetos também descreve a trajetória de balas de canhão ou mesmo como objetos caem em Júpiter ou no Sol. (Claro, em Júpiter e no Sol a aceleração

Louis Pasteur em seu laboratório

não é a mesma que na Terra. O que você acha? Ela é maior ou menor do que aqui? E na Lua?) *

Essa é a beleza da ciência; a fórmula que descreve um fenômeno pode ser usada por qualquer pessoa, seja ela jovem ou velha, judia, muçulmana ou católica, preta ou branca, liberal ou conservadora. A matemática não dá bola para essas diferenças que nós criamos e que muitas vezes só complicam as coisas; trata-se de uma linguagem universal, que vai além das nossas confusões sociais e morais. Como eu disse antes, no método científico uma teoria criada por um cientista é testada por outros cientistas até todos terem certeza de que está mesmo correta. Agora você pode entender como isso funciona na prática — outros cientistas (incluindo você!) podem repetir os experimentos de Galileu em qualquer lugar (ninguém precisa ir até Pisa para aprender física) e testar sua fórmula que descreve a queda dos corpos. Se os resultados estiverem de acordo com a teoria de Galileu, ótimo; se não, a teoria tem de ser modificada. Logo mais nós vamos ver que, em certos casos, a teoria de Galileu não funciona. Mas esses casos jamais poderiam ter sido imaginados na época dele.

Você já brincou com laboratório de química? Eu adorava misturar aqueles líquidos diferentes: ácido sulfúrico, cloreto de sódio, nitrato de prata... e ver o que acontecia. Eu me lembro de ter feito minha babá chorar quando derramei "sangue de diabo" nos lençóis da cama de meus pais: ela mal podia acreditar quando a mancha vermelha desapareceu misteriosamente. "Ah, Marcelo, isso é coisa do demônio... vixe!" Claro, se eu não seguisse as instruções, nada daria certo e eu mancharia os lençóis. Em ciência, é sempre assim: só se obtêm os mesmos resultados quando se usa o procedimento correto.

* Resposta: maior no Sol e em Júpiter e menor na Lua.

LUA ESBURACADA

Com os experimentos citados e muitos outros, Galileu mostrou que as ideias de Aristóteles sobre a queda dos corpos não estavam certas. Não se dando por satisfeito (ainda bem), também o desafiou na ciência dos céus, a astronomia. Aristóteles dizia que a Terra era o centro do Universo, do cosmo (que quer dizer "ordem" em grego) e que ela não se movia. Afinal, justificava, você não vê a Terra se movendo, mas tudo se movendo em relação a ela: o Sol, as estrelas, os planetas. Se você jogar uma pedra para cima numa vertical exata, ela cai de volta na sua mão, certo? Pois bem, argumentava ele, se a Terra se movesse, no tempo em que a pedra subisse e descesse, você teria mudado de lugar, e a pedra cairia no chão. (Você pode ver que de bobo o Aristóteles não tinha nada…) Além disso, dizia o grego, o cosmo se divide em duas partes, abaixo e acima da Lua. Ele acreditava que o cosmo era como uma cebola, uma camada dentro da outra, com a Terra no centro, a Lua na camada mais próxima, depois os planetas Mercúrio e Vênus, o Sol, os planetas Marte, Júpiter e Saturno (na época não se conheciam Urano, Netuno e Plutão), e na última camada as estrelas. Mais ainda: todos os objetos celestes eram esferas compostas de uma substância que só existia nos céus, o éter. (Esse éter não tem nada a ver com o éter que até pouco tempo atrás se comprava em farmácias.)

Nesse **cosmo-cebola** nada podia mudar, só abaixo da Lua. Para Aristóteles, a Lua, os planetas e as estrelas eram perfeitos e eternos, e giravam em torno da Terra em órbitas circulares. Só na Terra e

em seus arredores, como na atmosfera, é que as coisas mudavam. Portanto, fenômenos como **cometas** ou estrelas cadentes eram atribuídos a distúrbios atmosféricos relacionados com o clima; nem se imaginava que se tratava de objetos vindos de outras partes do sistema solar. (Aliás, é por isso que o estudo do clima se chama "meteorologia" — herança da crença aristotélica de que meteoros eram fenômenos climáticos.)

Você já viu uma estrela cadente? Durante as férias de verão, que eu passava na casa de meus avós, em Teresópolis, gostava de deitar na grama e ficar olhando para o céu, contando quantas conseguia ver. Especialmente se quisesse uma bicicleta nova, que pedia a cada estrela que via. Jamais poderia imaginar que as estrelas cadentes são pedacinhos de asteroides ou de cometas e que esses pedacinhos não são muito maiores do que um grão de areia!

Galileu não gostava nada dessa divisão aristotélica do cosmo. Em 1610, ele ganhou um **telescópio** de um amigo. Os telescópios acabavam de ser inventados na Holanda e estavam causando verdadeira sensação na Europa. Galileu teve a ideia genial de apontar o seu telescópio para os céus, e o que ele viu mudou para sempre o curso da história. Primeiro, a Lua não tinha nada de perfeita; ao contrário, era toda esburacada, com crateras, montanhas e vales.

Júpiter tinha quatro luas (hoje sabemos que tem pelo menos trinta) girando à sua volta como num minissistema solar. Saturno tinha "orelhas" (o telescópio de Galileu não era potente o bastante para que ele pudesse observar os anéis). A Via Láctea não era uma nuvem no céu, mas uma coleção de milhares (hoje sabemos que são bilhões) de estrelas. E por aí afora. Imagine a emoção que Galileu sentiu ao fazer todas essas descobertas, revelando mundos que ninguém tinha visto antes. Essa emoção da descoberta é uma das coisas mais legais na ciência, mesmo que a maioria dos cientistas não descubra coisas tão importantes quanto Galileu descobriu. O que importa é fazer parte desse time de cientistas, que é fascinado pela beleza do mundo e dedicado a desvendar seus mistérios.

Na montagem, a Lua e a família Saturno

JOHANNIS HEVELII
COMETOGRAPHIA.

O impacto das descobertas de Galileu foi enorme. Na Alemanha, outro grande astrônomo, chamado Johannes Kepler, estava convencido de que o Sol, e não a Terra, era o centro do cosmo. Essa ideia havia sido proposta pelo polonês Nicolau Copérnico em 1543, mas ninguém a tinha levado muito a sério até então, já que ela contradizia os ensinamentos do venerado Aristóteles. As observações de Galileu eram tão compatíveis com a ideia de Copérnico que ficava difícil insistir na tese de que a Terra era o centro de tudo. Kepler, o primeiro a defender abertamente Copérnico, escreveu entusiasmado a Galileu, oferecendo seu apoio. Mas nem todo mundo via as coisas com tanta clareza. A Igreja, em particular, não gostou nem um pouco das ideias de Galileu, Kepler e Copérnico, pois a Bíblia dizia que a Terra, e não o Sol, era o centro do cosmo. E como um mero astrônomo tinha a pretensão de contradizer a Bíblia e a autoridade da Igreja?

Galileu insistiu na sua interpretação, e tentou até convencer o papa, que era um antigo amigo seu. Mas o plano não deu certo, e ele acabou sendo forçado pela Inquisição (tribunal da Igreja que investigava e punia crimes contra a fé católica) a negar que a Terra girava em torno do Sol como um planeta qualquer. Segundo a lenda, depois de ajoelhar-se em frente aos juízes da Inquisição e negar que a Terra se movia, Galileu, já com setenta anos, se pôs de pé e sussurrou: "Mas a Terra se move, sim!".

QUINZE CIENTISTAS

Tales de Mileto (fim do século VII a.C. - início do século VI a.C.), filósofo grego. Foi o primeiro a tentar entender como o mundo funciona e do que as coisas são feitas baseando-se em explicações naturais e não na ação de deuses.

Demócrito (cerca de 460 a.C. - cerca de 370 a.C.), filósofo grego. Propôs que tudo era composto de átomos indestrutíveis que se moviam no espaço vazio.

Platão (428 ou 427 a.C. - 348 ou 347 a.C.), filósofo grego. Dividia o mundo em dois: um mundo das ideias, puro e perfeito, e um mundo dos sentidos. Acreditava que a matemática, especialmente a geometria, era a expressão suprema da razão. Sugeriu aos seus alunos da Academia que todos os movimentos dos planetas e das estrelas podiam ser descritos por círculos.

Aristóteles (384 a.C. - 322 a.C.), filósofo grego. Discípulo de Platão, dividiu o cosmo em dois domínios, abaixo e acima da Lua, com a Terra no centro. Abaixo da Lua tudo podia mudar e era feito dos quatro elementos básicos: terra, água, ar e fogo. Da Lua para cima nada mudava, e tudo (estrelas, Sol, Lua e planetas) era feito de éter. A física só abandonou essas ideias no século XVII.

Nicolau Copérnico (1473-1543), astrônomo polonês. Ganhou fama por sugerir, no século XVI, que o Sol, e não a Terra, era o centro do cosmo.

Aristóteles

Galileu Galilei (1564-1642), físico e astrônomo italiano. Em física, mostrou que, na Terra, todos os corpos caem com a mesma aceleração, independentemente de sua massa. Em astronomia, voltou seu telescópio para os céus e mudou nossa concepção do cosmo, abalando profundamente as ideias aristotélicas, que tinham ampla aceitação na época.

Johannes Kepler (1571-1630), astrônomo alemão. Foi o primeiro a propor que os planetas são movidos por forças que emanam do Sol. Obteve as famosas três leis do movimento planetário, entre elas a que diz que as órbitas são elípticas e não circulares.

Isaac Newton (1642-1727), matemático, físico, astrônomo e filósofo inglês. Além da Lei da Gravitação Universal, que mostra como corpos se atraem gravitacionalmente com força proporcional ao produto de suas massas e inversamente proporcional ao quadrado de suas distâncias, obteve as três leis que descrevem o movimento dos corpos como sendo causado por forças. Descreveu, também, as propriedades ópticas da luz e inventou o cálculo diferencial e integral, ramo muito importante da matemática.

Antoine Lavoisier (1743-94), químico francês. Demonstrou que as coisas queimam devido à combustão de oxigênio. Estudou a composição química do ar, da água e das plantas. Obteve a Lei de Conservação da Massa, seguida em todas as reações químicas.

Galileu   Kepler   Isaac Newton   Lavoisier

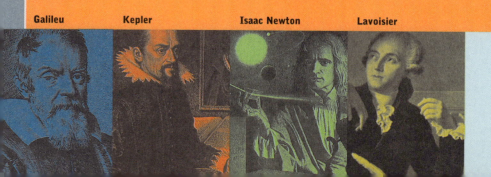

Michael Faraday (1791-1867), físico inglês. Estudou as propriedades da eletricidade e do magnetismo, mostrando a íntima relação entre as duas forças. Suas descobertas levaram a inúmeras invenções, incluindo o motor elétrico.

Charles Darwin (1809-82), biólogo inglês. Propôs a Teoria da Evolução, segundo a qual espécies animais vão se transformando no tempo em razão do processo de seleção natural.

Max Planck (1858-1947), físico alemão. O primeiro cientista a propor que os processos atômicos não ocorrem continuamente, como no nosso dia a dia, mas em saltos discretos, chamados "quanta".

Albert Einstein (1879-1955), físico alemão. O mais famoso dos cientistas, revolucionou a física em várias frentes. Sugeriu que a luz era feita de pequenos pacotes, hoje chamados fótons, e desenvolveu as duas Teorias da Relatividade, a Especial e a Geral, que modificaram profundamente nossa compreensão do que são espaço e tempo, e de qual é a estrutura do Universo.

Niels Bohr (1885-1962), físico dinamarquês. Propôs um modelo do átomo onde os elétrons giram em torno do núcleo em órbitas circulares. Eles só podem pular de uma órbita para outra descontinuamente, de acordo com as ideias de Planck.

Edwin Hubble (1889-1953), astrônomo americano. Mostrou que as galáxias distantes estão se afastando umas das outras. Interpreta-se esse movimento como a demonstração da expansão do Universo.

Darwin   **Einstein**

MAÇÃ E LUA CADENTE

Depois de ser condenado pela Inquisição, Galileu foi obrigado a viver em casa até o fim de sua vida, em 1642. Caso insistisse em discutir as ideias de Copérnico, seria torturado. Mas ele não desistiu. Já velhinho, quase cego (de tanto olhar sem proteção para o Sol), decidiu retornar aos estudos que havia iniciado na juventude, sobre as propriedades do movimento dos corpos. O resultado foi um livro que acabou sendo clandestinamente exportado para outros países da Europa, driblando a censura da Igreja. Nele, Galileu mostrava como os objetos se movem na superfície da Terra devido à aceleração causada pela gravidade. Até hoje, se quisermos calcular a trajetória de uma bola de futebol em direção ao gol, ou a de um míssil em direção ao seu alvo, usamos suas fórmulas (com pequenas modificações por causa da resistência do ar). (A próxima vez que você jogar uma pelada, lembre-se de Galileu.)

No mesmo ano da morte de Galileu, no dia de Natal, nasce um menino fracote numa fazenda da Inglaterra. Era realmente difícil imaginar que esse bebê doentio chamado Isaac Newton se tornaria um dos cientistas mais influentes de toda a história. É bem verdade que, quando ele cresceu, ficou bastante estranho: não gostava de festa ou da maioria dos outros seres humanos, e parece que nunca teve sequer uma namorada! Mas quando o assunto era matemática e física, Newton se transformava num gigante invencível.

Newton tinha uma espécie de toque de Midas para a ciência — o que ele tocava virava ouro. E foi assim que revolucionou o estudo da matemática, inventando o cálculo (um dia você encontrará as famosas derivadas e integrais do cálculo, que foi inventado também pelo alemão Gottfried Leibniz), e o da física, descobrindo a Lei da Gravitação Universal, as três leis do movimento, várias leis da óptica que explicam as propriedades da luz, e muitas outras coisas. Mas ele não se interessava só por física e matemática. Passou a maior parte da vida estudando alquimia, uma espécie de avó da química moderna cujo principal objetivo era encontrar a pedra filosofal, que poderia transformar qualquer metal em ouro (e o elixir da juventude — lembra da história do Harry Potter?). Newton também gostava bastante de estudar a Bíblia, especialmente o **Apocalipse**, que é a profecia sobre o fim do mundo. Ele não era mesmo uma pessoa muito feliz com a vida.

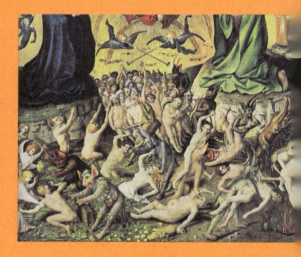

A história mais famosa sobre o Newton é a da maçã que caiu na sua cabeça quando ele tirava uma soneca na fazenda da mãe. Segundo a lenda, após o susto Newton entendeu que a mesma força que levou a maçã a cair na sua cabeça causa também a rotação da Lua em torno da Terra. "Mas como?", pergunta você, indignado. "O que a maçã tem a ver com a Lua?" Bem, vamos por partes. Primeiro, a maçã. Newton mostrou que ela caiu porque é atraída para o centro da Terra pela força da gravidade. A maçã, disse ele, também atrai a Terra, mas como a massa da Terra é muito maior que a da maçã, quem se move é a maçã, e não a Terra.

E a Lua? Newton mostrou que a Lua também está caindo sobre a Terra, atraída pela força da gravidade tal qual a maçã. "Mas por que então a Lua não cai de uma vez?", você pergunta. Para entendermos isso, imagine uma montanha muito alta com um canhão no topo. Se o canhão dispara uma bala com velocidade relativamente baixa, ela vai cair perto do pé da montanha. Agora, quanto maior for a velocidade da bala, mais longe ela irá chegar. Pois bem, se a velocidade for bem alta, você pode imaginar que a bala vai estar sempre caindo, caindo, mas nunca vai encontrar o chão, devido à curvatura da Terra. A Lua é como essa bala de canhão: está sempre caindo, caindo, mas não encontra o chão nunca... A força exercida sobre a Lua é a mesma que sobre a maçã, só mais fraca por causa da grande distância entre a Terra e a Lua. Ninguém sabe se essa história da maçã é verdadeira ou não. Mas que existem muitas macieiras na fazenda da mãe do Newton, isso ninguém pode negar.

Quando eu era estudante de pós-graduação na Inglaterra, fui visitar a fazenda da mãe do Newton. Para conferir, sentei-me sob uma macieira e fiquei esperando, esperando, crente que uma maçã ia cair na minha cabeça e eu também teria alguma ideia genial. Infelizmente, meu plano fracassou...

A Lei da Gravitação Universal de Newton foi um passo muito importante para a ciência; afinal, ele mostrou que a mesma força que faz objetos caírem no chão aqui na Terra causa a órbita da Lua em torno da Terra e a dos planetas em torno do Sol. Assim, a física que explica os movimentos terrestres é a mesma que explica os movimentos nos céus. Estava na hora de dar adeus de vez à física de Aristóteles. A era de Newton havia começado.

A INSPIRAÇÃO DE NEWTON

Newton estudou também as propriedades da luz. Ele provou, usando pequenas pirâmides de cristal chamadas "prismas", que a luz do Sol é, na verdade, a combinação de todos os tons coloridos que vemos no arco-íris, do vermelho ao violeta. Até então as pessoas achavam que a luz branca era pura e que as outras cores surgiam quando a luz branca era refletida pela superfície dos objetos. As experiências de Newton revelaram que de pura a luz branca não tem nada. Tanto ele como Galileu fizeram experiências para comprovar suas ideias, e essas experiências podem ser repetidas por todo mundo. Sem elas, cada um acredita no que quer, e a coisa vira uma grande bagunça. Sem experiências, a ciência não funciona.

De onde veio toda a inspiração do Newton? Ele não era uma máquina de pensar, movida a água, comida e mais nada. Suas ideias sobre a física do mundo, sobre as forças que movem objetos e planetas, e sobre a luz que ilumina tudo faziam parte de uma obra maior, cujo personagem principal era Deus. Para Newton, Deus havia criado o Universo de forma racional, organizada. Por isso, era possível compreender a obra e a mente de Deus estudando o mundo de forma racional, isto é, por meio da matemática e da física (e da alquimia). A motivação de Newton era religiosa; ele não separava a ciência da religião como é comum fazermos hoje. No final de seu grande livro sobre as três leis do movimento e a Lei da Gravitação, ele escreveu: "Esse belíssimo sistema do mundo, com o Sol, planetas e cometas, só pode ter sido criado sob a direção de uma entidade inteligente e poderosa". Essa entidade era o seu Deus, que, além de todo-poderoso, era um excelente matemático.

AXIOMATA
SIVE
LEGES MOTUS

Lex. I.

Corpus omne perseverare in statu suo quiescendi vel movendi uniformiter in directum, nisi quatenus a viribus impressis cogitur statum illum mutare.

Projectilia perseverant in motibus suis nisi quatenus a resistentia aeris retardantur & vi gravitatis impelluntur deorsum. Trochus, cujus partes cohaerendo perpetuo retrahunt sese a motibus rectilineis, non cessat rotari nisi quatenus ab aere retardatur. Majora autem Planetarum & Cometarum corpora motus suos & progressivos & circulares in spatiis minus resistentibus factos conservant diutius.

Lex. II.

Mutationem motus proportionalem esse vi motrici impressae, & fieri secundum lineam rectam qua vis illa imprimitur.

Si vis aliqua motum quemvis generet, dupla duplum, tripla triplum generabit, sive simul & semel, sive gradatim & successive impressa fuerit. Et hic motus quoniam in eandem semper plagam cum vi generatrice determinatur, si corpus antea movebatur, motui ejus vel conspiranti additur, vel contrario subducitur, vel obliquo oblique adjicitur, & cum eo secundum utriusq; determinationem componitur.

Lex. III.

O MUNDO-MÁQUINA

As ideias de Newton tiveram um incrível sucesso. A ciência passou a ser newtoniana, descrevendo um mundo que podia ser explicado com base em forças que agiam sobre os objetos. Aliás, o sucesso foi tão grande que, por volta de 1795, o físico e matemático francês (que também era marquês) Pierre Simon de Laplace afirmou que se uma "supermente" soubesse a posição e a velocidade de todas as partículas que compõem tudo o que existe no mundo (inclusive você), ela poderia usar as equações de Newton para calcular tudo o que ocorreu no passado e tudo o que ocorrerá no futuro. Imagine se o fato de você sair ou não sábado ou o fato de você estudar ou não para a prova de matemática (claro que sim, certo?) estivessem numa equação! Quando Laplace deu uma cópia de seu livro (que explicava detalhadamente como os planetas giram em torno do Sol) para o imperador Napoleão, este lhe perguntou: "Mas, Laplace, onde fica Deus nesse seu Universo?". E Laplace respondeu: "Vossa Excelência, eu não preciso dessa hipótese". O Deus de Newton, devido ao sucesso de sua própria teoria, virou uma hipótese!

Mesmo se uma supermente existisse, o plano de Laplace não funcionaria, por causa de descobertas futuras de que ele não fazia a menor ideia. O mundo não é uma máquina, como o mecanismo de um relógio. Felizmente, somos nós os donos dos nossos destinos, que devemos construir da forma mais sábia possível. Nenhuma máquina poderá prever se você vai ou não estudar para a prova de matemática. Quem decide é você, o que é chamado de "livre-arbítrio". Mas eu garanto que a sua nota vai depender da sua decisão. E olhe que falo por experiência própria.

Página de *Os princípios matemáticos da filosofia natural*, ra-prima de Newton enunciando duas de suas três leis de movimento

O MISTÉRIO DO FOGO

Enquanto Laplace tentava convencer Napoleão de que Deus era uma hipótese, outros cientistas estavam ocupados com questões mais mundanas mas não menos importantes. Um pouco antes de Laplace, o grande químico francês Antoine Lavoisier resolveu um mistério antigo: por que as coisas queimam. Entre as muitas explicações, a mais popular da época dizia que todos os objetos tinham um fluido interno chamado "flogisto", que era liberado durante a sua queima. Lavoisier mostrou que o flogisto não existia e que as coisas queimam consumindo o oxigênio à sua volta. Sem oxigênio, nada queima.

Isso me faz pensar nas inúmeras horas que passei olhando a lareira da casa dos meus avós. Eu ficava hipnotizado pela dança do fogo, pela incrível liberação de energia que ocorre durante a queima da madeira. Um pouco de jornal, uns gravetos, fósforo aceso e... começa o fogo, a madeira crepitando seus protestos. Meu irmão mais velho, Luiz, dizia sempre: "Esse cara vai ser cientista ou bombeiro. Ele só para de olhar para o fogo quando a sua cara fica mais vermelha do que um tomate. Ô Marcelo, tá hipnotizado, é? Cuidado para não queimar as sobrancelhas!". Quando eu fui crescendo, passei várias horas conversando com o Luiz em frente a essa lareira, falando da vida, das namoradas e, claro, dos segredos do fogo.

Você, com um adulto, pode fazer a seguinte experiência: acenda uma vela dessas usadas em bolo de aniversário e cubra-a com um copo. Você vai observar que a vela se apagará rapidamente, depois que o oxigênio dentro do copo tiver sido consumido.

Lavoisier revolucionou a química, transformando-a numa ciência quantitativa, baseada em experimentos, tal qual a física. Aos poucos, ficou claro que todas as substâncias e seres vivos na Terra, das pedras e do ar aos animais e plantas, são compostos de combinações de apenas alguns elementos químicos, como o oxigênio, o hidrogênio, o nitrogênio, o carbono etc. Por exemplo, a água é composta de oxigênio e hidrogênio; o sal, de sódio e cloro. Hoje, sabemos que na natureza existem 93 elementos químicos e que tudo no Universo é feito desses elementos químicos combinados em proporções diferentes. Poderiam existir trilhões de outros, mas só existem 93. São essas simplificações que tornam a ciência possível. A Natureza é generosa conosco: complicada o suficiente para ser sempre um grande desafio, mas simples o suficiente para nos deixar decifrar ao menos alguns de seus mistérios.

A QUÍMICA DAS ESTRELAS

Nós falamos de leis de movimento e gravitação, de luz e de química. Agora, vamos juntar tudo isso e falar das estrelas, incluindo, claro, nosso querido Sol. Afinal, se meu pai dizia que sou um contador de estrelas, tenho de, no mínimo, falar um pouco sobre elas.

Em torno de 1810, um jovem alemão chamado Fraunhofer estava fabricando lentes de vidro de alta qualidade quando, como Newton fez com seus prismas e Galileu com seu telescópio, apontou uma delas para o Sol. (Veja só quantas descobertas científicas vieram do estudo da luz do Sol.) Para sua surpresa, em vez das cores do arco-íris, que variam continuamente do vermelho ao violeta, Fraunhofer notou linhas pretas em alguns lugares. Aqui e ali, faltavam certos tons de vermelho, de amarelo, de azul, como se alguém ou algo tivesse roubado essas cores da luz vinda do Sol e deixado uma linha preta em seu lugar. Esse "mistério das linhas escuras" se tornou um desafio para os cientistas do século XIX. Afinal, o que poderia causá-las? Você vai ver que a história da solução desse mistério, como tantas em ciência, é mesmo parecida com uma história de detetive.

Em torno de 1860, dois cientistas alemães chamados Bunsen e Kirchhoff estavam estudando diferentes elementos químicos, como o sódio e o chumbo, e analisando a luz que eles emitiam ao ser aquecidos, quando fizeram uma descoberta muito importante. Para sua surpresa, Bunsen e Kirchhoff notaram que cada elemento químico emite luz de cores diferentes: o sódio, por exemplo, emite fortemente tons de amarelo (essas luzes amareladas que vemos em cidades usam sódio); o hidrogênio, tons de vermelho, e assim por diante. Desse modo, foi possível construir uma tabela com as cores da luz emitida pelos elementos químicos (que é mais corretamente chamada de "radiação").

Voltando à história de detetive, é como se cada elemento químico tivesse uma impressão digital única, assim como a gente. Você pode imaginar o grau de importância dessa descoberta: se alguém aquecer uma mistura de vários elementos químicos, podemos identificar, estudando o seu "espectro" (isto é, a radiação que a mistura emite), quais elementos fazem parte dela — tal qual um detetive, que usa impressões digitais para identificar criminosos. É só usarmos a tabela com as cores da radiação emitida pelos elementos químicos.

Mas qual a relação entre a descoberta do espectro dos elementos químicos e as linhas escuras do espectro solar? (De agora em diante, vou usar a palavra *espectro* para designar a radiação emitida por alguma coisa, do Sol a um elemento químico.) Para entendermos isso, temos de pensar como um cientista. Primeiro, vemos que o espectro dos elementos químicos aparece quando eles são aquecidos. Ou seja, esse é um espectro de *emissão*, já que os elementos *emitem* radiação.

Existe outro tipo de espectro, chamado de "espectro de *absorção*". Nesse caso, o espectro é analisado depois de a radiação passar por uma nuvem de algum gás. Por exemplo, imagine que uma lâmpada emite um espectro perfeito, como o do arco-íris. Todas as cores estão lá, do violeta ao vermelho. Agora, imagine que você está estudando o espectro dessa lâmpada mas alguém faz a luz dela passar por uma nuvem de gás antes de chegar até você (como um fogo cercado de fumaça). Analisando o espectro, você verá que algumas linhas desapareceram! É como se o gás tivesse roubado algumas cores do espectro da lâmpada. Mas foi exatamente isso que o Fraunhofer notou no espectro do Sol: linhas escuras no lugar de tons bem específicos!

Qual a relação entre o espectro de emissão e o de absorção? A resolução desse mistério permitiu que astrônomos desvendassem a composição química do Sol e de outras estrelas. Para resolver o problema, é só repetir a experiência (imaginária) trocando os tipos de gás postos em frente da lâmpada. Quando pomos gás de sódio, as linhas que desaparecem correspondem aos tons do espectro de emissão do sódio, ou seja, os tons de amarelo; quando pomos gás de hidrogênio, desaparecem tons de vermelho, e assim por diante. A conclusão? Elementos químicos absorvem radiação nas mesmas cores que eles emitem.

Voltando ao Sol, bastou os astrônomos identificarem os tons que faltam no seu espectro — as tais linhas escuras — para deduzirem sua composição química. Afinal, o Sol é meio parecido com uma lâmpada quente (a sua região central, a 15 milhões de graus Celsius) cercada de gás mais frio (as regiões perto da superfície, a 6 mil graus). O resultado foi surpreendente: o Sol tem os

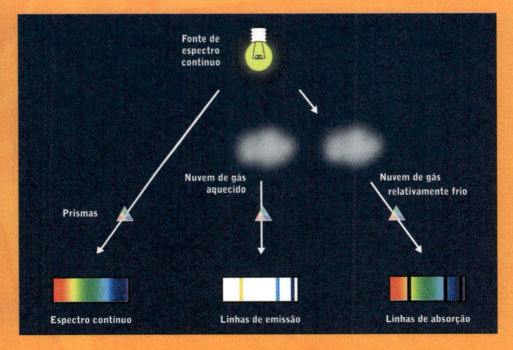

mesmos elementos químicos encontrados na Terra, só que em proporções diferentes. Ele é composto principalmente de hidrogênio e hélio. Outros elementos químicos, como ferro, magnésio e cálcio, estão presentes, mas em quantidades bem menores.

Os mesmos elementos químicos que existem na Terra existem nas estrelas! Você lembra que Aristóteles acreditava que os objetos celestes eram feitos de uma substância diferente (o éter) das que compõem os objetos terrestres? Pois bem, podemos abandonar para sempre essa ideia. Estrelas e planetas compartilham da mesma química, especificada por 93 elementos e só. A mesma química e a mesma física descrevem os fenômenos naturais na Terra e nos céus. Caso isso não fosse verdade, seria impossível estudarmos o que ocorre no espaço; nossa ciência ficaria limitada ao estudo dos fenômenos terrestres, que, apesar de muito interessantes, contam apenas uma pequena parte da história cósmica. A ciência nos aproxima do resto do Universo.

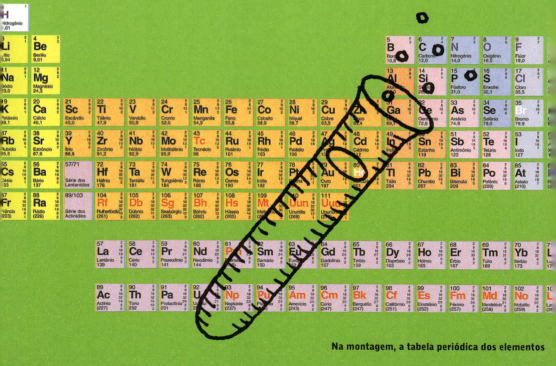

Na montagem, a tabela periódica dos elementos

ONDAS DE LUZ

Nós falamos sobre espectros de emissão e de absorção, concluindo que elementos químicos emitem e absorvem radiação no mesmo tom. Antes de explicar por que isso ocorre, vamos falar um pouco mais sobre radiação. Afinal, tenho certeza de que você já ouviu falar de raios X, radiação infravermelha, radiação ultravioleta, ondas de rádio, micro-ondas, e por aí afora. De onde vêm todos esses nomes? A explicação é bem mais fácil do que parece, e está ligada com o fato de a luz ser uma onda. Mais ou menos na mesma época em que Bunsen e Kirchhoff estavam desvendando os mistérios dos espectros de emissão e de absorção, o físico escocês James Clerk Maxwell fez uma descoberta incrível: a luz é uma onda que se propaga na velocidade da... luz! E que velocidade é essa? No espaço vazio, é a maior velocidade possível, de 300 mil quilômetros por segundo. Imagine só: você pisca os olhos, e a luz dá sete voltas e meia em torno da Terra!

Como qualquer onda, a luz pode ter várias das suas propriedades especificadas por dois números: sua *amplitude* e sua *frequência*. Quando você joga uma pedra num lago, observa uma série de ondas surgindo do ponto onde a pedra caiu, certo? Pois bem, a amplitude dessas ondas é a altura delas em relação à superfície do lago, e sua frequência equivale ao número de cristas que passam pelo mesmo ponto por segundo. Se passarem muitas cristas, a onda tem frequência alta; se passarem poucas, a onda tem frequência baixa. Vamos deixar a amplitude de lado e nos concentrar na frequência das ondas de luz. Nossos olhos só podem detectar ondas de luz de certa frequência, as mesmas que vemos no espectro do arco-íris, do violeta (frequência mais alta) ao vermelho (frequência mais baixa). Isso significa que existem várias outras ondas de luz (ou melhor, radiação) que são invisíveis aos nossos olhos mas nem por isso menos reais. Muito do que é invisível para nós neste mundo (e em outros) nos é revelado pela ciência. Um cientista é um explorador desses mundos invisíveis: armado com seu microscópio ou telescópio, ele vê e estuda coisas que nem sabemos que existem.

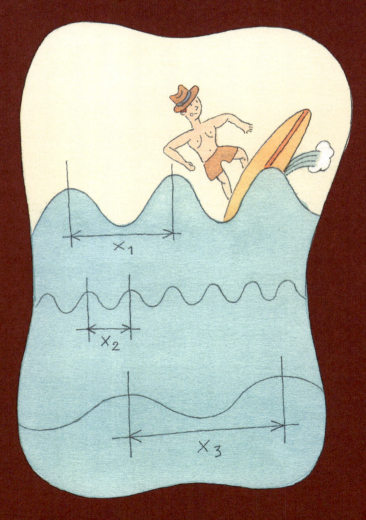

Acho que foi isso que me fez querer ser cientista: poder descobrir novos mundos, invisíveis aos nossos olhos. Em vez de ficar com medo do desconhecido, resolvi explorá-lo. Quando eu era garoto, tinha muito medo do escuro. Imaginava monstros horríveis escondidos dentro do armário ou no fundo do corredor que ia dar no meu quarto. Se minha luzinha verde não estivesse acesa ao pé da cama, eu não dormia de jeito nenhum. Esse medo foi desaparecendo quando comecei a me interessar por ciência e entender o que era ou não possível existir no mundo. Desde então, passei a querer explorar os mundos invisíveis em vez de me esconder deles embaixo do meu lençol.

Voltando às ondas de luz, um bom exemplo de radiação invisível mas bastante familiar é a que causa a sensação de calor. Você não vê o calor, mas pode senti-lo muito bem na pele. Um corpo quente emite radiação infravermelha, que agita as moléculas de ar à sua volta como ondas arrastam conchas na beira do mar. Essa agitação do ar é o que chamamos de "calor". Se se aquece um pouco mais o corpo, ele pode começar a emitir luz visível. Você pode testar isso num fogão elétrico, onde é possível ajustar a temperatura. No início, você não vê nada, mas sente o calor. Às vezes, o metal fica quente o suficiente para começar a brilhar, isto é, irradiar uma frequência do vermelho. (Na verdade, várias frequências são irradiadas, mas vemos principalmente aquelas emitidas com maior potência.)

Há outras formas familiares de radiação invisível. Quando você toma sol, fica bronzeado porque a radiação ultravioleta interage com um pigmento na sua pele chamado "melanina". Você não vê a radiação ultravioleta, mas sua pele certamente responde à presença dela. E quando você vai ao dentista, às vezes ele tira um raio X dos seus dentes. Essa radiação é tão penetrante e energética que pode revelar seus ossos. Aliás, quando os **raios X** foram descobertos, em 1895, as mulheres ficaram horrorizadas, pois acharam que os homens poderiam ver o corpo delas por baixo da roupa! Claro, eles só veriam o esqueleto, o que não é lá muito atraente. De qualquer forma, algumas lojas chegaram até a vender camisolas revestidas de chumbo para serem usadas sob a roupa, uma solução nada confortável.

Como meu pai era dentista, ele tinha um aparelho de raios X no consultório. Eu adorava entrar na sala de revelação, iluminada com luz vermelha, e ver como, aos poucos, os ossos sob a gengiva e os dentes dos pacientes iam aparecendo, junto com as cáries e com os sisos inclusos. Incrível que nem meu pai nem sua auxiliar usavam proteção contra a radiação (vestes de chumbo), que, em doses altas, pode ser prejudicial à saúde.

O Universo está cheio de diversas formas de radiação, a maior parte invisível aos nossos olhos. Felizmente, nós inventamos vários aparelhos capazes de "ver" essas formas de radiação. Hoje, olhamos para os céus com telescópios que operam no visível como o de Galileu, mas também no infravermelho, no ultravioleta, nos raios X etc. Cada uma dessas radiações, com energias distintas, nos revela algum aspecto diferente do Universo e de seus constituintes. Por exemplo, usando certas técnicas que transformam radiação invisível em visível, podemos tirar a nossa "foto" no infravermelho: os pontos mais brilhantes serão aqueles mais quentes. Mas sugiro que você não dê sua foto em infravermelho para o seu namorado ou namorada...

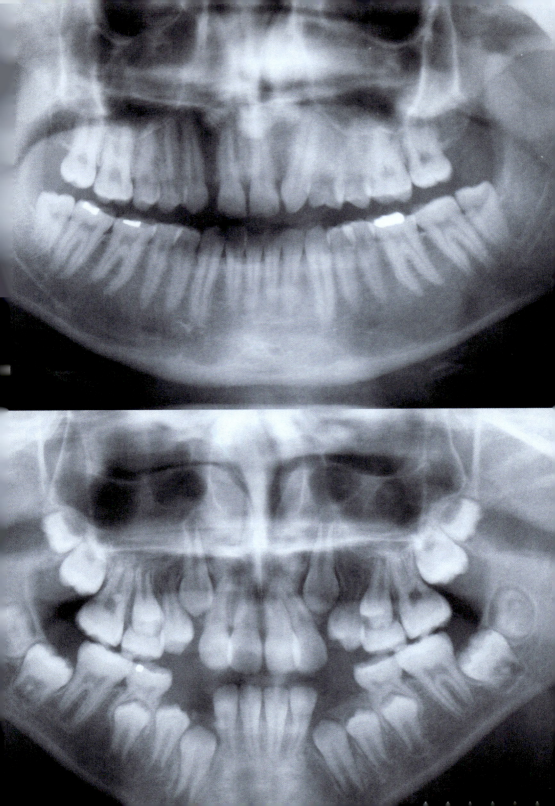

O MISTERIOSO MUNDO DOS ÁTOMOS

Agora que você já sabe o que é luz e radiação, podemos falar sobre os átomos. O que acontece se você cortar um pedaço de madeira em dois? "Ô Marcelo, mas que pergunta mais boba", você diria. "Claro que eu ficaria com dois pedaços de madeira." Tudo bem, a pergunta é meio boba mesmo. Mas e se você continuar cortando, cortando, até não conseguir cortar mais? "Bom, aí vou ter que usar uma faca especial e cortar a madeira usando um microscópio." Ótima resposta! Mas e se você continuar cortando, cortando...? Vai chegar uma hora em que os pedacinhos serão tão pequenos que não vai dar mais para cortá-los. A madeira, como todas as substâncias que existem, é feita de átomos ligados por forças elétricas.

Eu sei que é meio difícil visualizar a ideia de que tudo é feito de átomos. Mas imagine que você vai à praia e que seu pai estaciona o carro bem longe da areia. À distância, não parece que a areia é feita de grãos; ela parece ser uma superfície contínua, como a superfície de um lago de água meio marrom. Quando você vai se aproximando da praia, os grãos de areia tornam-se cada vez mais distintos. Portanto, algo que de longe parece contínuo é, na verdade, feito de grãos. Isso vale para todas as substâncias que existem, sejam elas sólidas, como a areia ou uma mesa, líquidas, como a água, ou gasosas, como o ar. Só que os átomos são tão pequenos que nem com microscópios comuns podemos vê-los. Façamos uma comparação: se estimarmos o número aproximado de grãos de areia na praia de Copacabana até uma profundidade de dois metros, obtemos uns mil trilhões de grãos. Pois bem, em apenas um desses grãos existem bilhões de trilhões de átomos!

É comum visualizar o átomo como sendo uma espécie de minissistema solar, com um núcleo no centro e os elétrons girando à sua volta como planetas. Essa imagem não é lá muito correta, mas pelo menos é um começo. Ela foi proposta entre 1911 e 1913 pelos físicos Ernest Rutherford e Niels Bohr. Rutherford mostrou que o núcleo do átomo é muito pequeno e denso e tem carga elétrica positiva. Hoje, sabemos que o núcleo é composto de duas partículas diferentes: o próton, com carga elétrica positiva, e o nêutron, que, como já diz o nome, não tem carga elétrica. O átomo de cada elemento químico, do hidrogênio ao urânio, tem um núcleo diferente. O hidrogênio, que é o elemento mais simples do Universo (e o mais comum), tem somente um próton no seu núcleo atômico e não tem nenhum nêutron. Já o urânio, usado em usinas nucleares e bombas atômicas, tem 92 prótons e 146 nêutrons no seu núcleo.

Tanto o próton como o nêutron pesam cerca de 2 mil vezes mais do que o elétron. Portanto, a massa total do átomo está quase toda concentrada em seu núcleo. O elétron tem carga elétrica negativa, que balança a carga positiva do próton, tornando o átomo eletricamente neutro. Mais ainda, e isso é mesmo bastante estranho, o elétron em geral fica muito longe do núcleo. Se inflarmos um próton de um átomo de hidrogênio até que ele fique do tamanho de uma azeitona, o elétron estará girando a aproximadamente um quilômetro de distância. Ou seja, o átomo é principalmente espaço vazio!

Essas ideias sobre o átomo não apareceram num passe de mágica. Ao contrário, no final do século XIX e início do século XX, os físicos passaram por maus momentos tentando decifrar os resultados de suas experiências. Na época, a física de Newton e as ideias de Maxwell sobre a luz deveriam ser suficientes para explicar "tudo" o que era observado no laboratório. Mas, para desespero de muita gente, várias experiências davam resultados que não eram explicados por essa física. Por exemplo, a física de Newton e Maxwell aplicada ao átomo prevê que o elétron irá girar cada vez mais próximo do núcleo até cair nele. Ou seja, segundo eles, o átomo seria instável, como se os planetas caíssem no Sol após algum tempo!

Eram necessárias novas ideias, que surgiram e revolucionaram nossa imagem do mundo do muito pequeno, o mundo dos átomos e das partículas elementares da matéria. Interessante que a aventura que chamamos de "ciência" tenha começado na Grécia antiga, com Tales se perguntando do que era feito o mundo, e que agora, mais de 2500 anos depois, nós estejamos nos perguntando a mesma coisa!

ESCADA QUÂNTICA E SALADA DE FRUTAS

Um dos triunfos do modelo de Bohr para o átomo de hidrogênio foi conseguir desvendar o mistério das linhas escuras. Finalmente, cem anos depois de Fraunhofer ter visto as linhas escuras no espectro do Sol, o físico dinamarquês propôs a solução: criar uma nova física, que, embora estranha para nós, funcionasse para os elétrons e prótons, já que a física antiga não funcionava para o mundo atômico. Bohr inventou uma série de propriedades que um átomo deveria ter. Primeiro, disse ele, o elétron só pode girar em órbitas circulares em torno do núcleo — seu átomo era meio parecido com uma cebola, cada órbita separada da outra. Mais ainda: o elétron pode "pular" de uma órbita para outra, como nós pulamos os degraus de uma escada, mas não pode ficar entre duas órbitas, como nós não podemos ficar entre dois degraus de uma escada. O elétron precisa de energia para pular para uma órbita mais externa, como nós para subir uma escada, mas, do mesmo jeito que para nós é mais fácil descer uma escada do que subir, ele libera energia quando pula para uma órbita mais interna. Quanto maior o pulo, mais energia é necessária para subir e mais é liberada ao descer. O nome "física quântica" vem desse "pula-pula", pois a palavra latina *quantum* significa "pedaço" ou "pacote". No mundo do muito pequeno, tudo vem em pacotes, como a energia absorvida e liberada pelo elétron nos átomos.

E que energia é essa que o elétron usa ou libera ao pular de uma órbita para outra? Por incrível que pareça, essa energia vem da radiação, seja ela luminosa ou invisível. De certa forma, o elétron é feito a gente: se vamos fazer uma escalada, precisamos comer alguma coisa, precisamos de uma fonte de energia; a fonte de energia do elétron é a radiação. Quando a radiação atinge o átomo, o elétron pode absorvê-la e usá-la para pular para uma órbita mais alta. E, na descida, o elétron libera radiação, que escapa do átomo.

Agora podemos entender a conexão entre os átomos dos elementos químicos e seus espectros de emissão. Imagine um átomo de um elemento que foi aquecido, por exemplo, o sódio. Seus elétrons usam parte da energia extra vinda do aquecimento para pular para órbitas mais altas. Quando eles descem, liberam radiação, que vemos como seu espectro de emissão. Se a radiação pertence ao espectro da luz visível, podemos ver a amostra de sódio brilhar. Cada elemento tem um átomo diferente e, portanto, um espectro de emissão diferente.

Já quando um elemento está perto de uma fonte de radiação, seus elétrons irão "comer" a radiação emitida pela fonte que os faz pular para órbitas mais altas. Em consequência, faltarão essas frequências específicas no espectro da fonte, ou seja, elas aparecerão como linhas escuras, que caracterizam o espectro de absorção. Eis

uma imagem sugestiva, inspirada nos maravilhosos jantares de minha avó Fani, uma verdadeira maga na cozinha. Ah, que saudades daquelas gostosuras todas... (Se você tem uma avó que é craque na cozinha, aproveite bastante!)

Vamos a um jantar na casa onde moram os elementos químicos. No cardápio, temos salada de frutas. Os elementos sentam-se em torno da mesa, e a salada de frutas é passada de "mão em mão". Cada elemento químico come apenas um tipo de fruta. Por exemplo, imagine que o sódio só goste de manga e que o hidrogênio só goste de uva. Quando a sobremesa passa pelo sódio, ele come toda a manga e deixa o resto das frutas para o elemento seguinte; quando ela passa pelo hidrogênio, lá se vão as uvas. Portanto, se você olhar para o que sobrou dela, saberá exatamente quais elementos químicos estavam presentes ao jantar! A radiação vinda de uma fonte é como uma salada de frutas, cada fruta representando uma frequência. Quando ela passa por uma nuvem com vários elementos químicos, cada átomo vai comendo a sua "fruta", até que, no final, sobram somente aquelas que nenhum comeu...

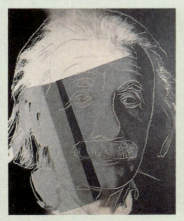  

Einstein, por Andy Warhol

A CORAGEM DO CIENTISTA

Bohr era um sujeito peitudo. Inventar regras que são cumpridas pelos átomos, tão diferentes das que regem os fenômenos que ocorrem no nosso dia a dia, é um ato corajoso. E foi isso que ele fez, e deu certo. Com seu modelo, Bohr foi capaz de explicar o espectro do átomo de hidrogênio: as frequências das linhas de emissão previstas pela sua fórmula estavam de acordo com o que era observado em laboratório. A escada quântica fazia mesmo sentido! Esse é um bom exemplo da coragem do cientista. Às vezes, é necessário ir contra a corrente, inventando modelos e teorias que, para a maioria absoluta das pessoas, parecem bastante estranhos — afinal, a Natureza é bem mais criativa do que nós. Mas não adianta apenas ter uma ideia que pareça ser boa. É importante que o modelo (ou a teoria) possa ser testado em laboratório ou, quando isso não for possível (como costuma acontecer em astronomia: não dá para criar estrelas em laboratório), com observações que possam ser repetidas por qualquer cientista.

O modelo de Bohr, por mais estranho que seja, explica muito bem as propriedades do hidrogênio. O mundo do muito pequeno é o mundo dos pulos quânticos, dos elétrons girando em torno dos núcleos atômicos e pulando de órbita em órbita. A coragem de Bohr (e de muitos outros que trabalharam na física quântica) abriu a porta para que todos nós pudéssemos entrar nesse mundo fantástico. A próxima vez que você ligar sua tv ou seu computador, lembre-se disso; muito do que ocorre dentro desses aparelhos depende dos pulos quânticos, dos elétrons subindo e descendo a escada quântica.

NEM TUDO É RELATIVO

Por falar em coragem, está na hora de explorarmos um pouco as ideias de outro peitudo da ciência, talvez o cientista mais famoso de todos os tempos, Albert Einstein.

Todo mundo tem um ídolo. Seja no esporte, na música, na novela das oito, alguém neste mundo nos impressiona mais do que qualquer outra pessoa. Em alguns casos raros, o ídolo pode até ser um cientista. Você pode achar que só um nerd vai ter ídolo cientista, mas eu discordo. Afinal, esse é o meu caso, e de nerd eu não tenho nada. (Pelo menos, eu acho que não…) O ídolo é (ou deveria ser) alguém que nos estimula a ser pessoas melhores, a tentar fazer algo para melhorar a vida dos que nos rodeiam e para solucionar os problemas do mundo. Por menor que seja nossa contribuição, toda ajuda conta. Como diz a poetisa americana Maya Angelou, todo mundo pode e deve ser um arco-íris nas nuvens, trazendo um pouco de cor onde existe só o cinza. Nós vivemos num mundo complicado, cheio de problemas. A fome, a pobreza, o analfabetismo, as doenças, a ignorância, o racismo, a intolerância religiosa, todos esses males são muito antigos. É incompreensível, e triste demais, que saibamos como pousar na Lua ou em Marte, ou que tenhamos descoberto a cura para tantas doenças, e, ao mesmo tempo, ainda não saibamos conviver com as diferenças entre as religiões ou entre as diversas culturas. Ou, em escala menor, que continuemos a nos meter em brigas na escola ou na rua.

Aos treze anos, ganhei uma foto autografada do Einstein. Eu já gostava de ciência na época. Quando não estava ampliando minhas coleções de insetos e pedras, ou fuxicando embaixo de lajes para ver se achava algum bicho estranho, estava lendo livros sobre a história da Terra e do sistema solar, sobre os dinossauros e sua extinção, e sobre as estrelas e as galáxias. (Mas também tocava guitarra elétrica e jogava vôlei; não ficava só lendo, não!) O Einstein, eu conhecia de ouvir falar: aquele cara que disse que "tudo é relativo", ou que $E = mc^2$. Claro, eu não tinha a menor ideia do que essas coisas queriam dizer, mas sabia que significavam algo profundo sobre a Natureza.

Quando a mãe de Léa, a minha madrasta, me deu a foto, decidi que iria tentar entender o que o Einstein queria dizer. Ele teve seu período mais produtivo no início do século XX, quando a revolução quântica estava começando. Em apenas um ano, 1905, Einstein, então com 26 anos, publicou quatro trabalhos excepcionais, cada um deles suficientemente importante para lhe garantir a fama entre os grandes cientistas da história. Dois tratavam da Teoria da Relatividade, a que as pessoas acham que diz que tudo é relativo. Nesses trabalhos ele se perguntou como duas pessoas movendo-se em diferentes velocidades constantes comparariam os resultados de suas observações.

Por exemplo, o João passa com seu carro numa velocidade de 60 quilômetros por hora pela casa da Maria, que está sentada na escada da frente. O irmãozinho da Maria, em pé ao lado dela, deixa cair uma bola de borracha no chão. Tanto o João como a Maria verão a bola bater no chão ao mesmo tempo, certo? (Quase certo, como veremos a seguir.) Agora, imagine que o carro do João é especial, capaz de atingir velocidades próximas da velocidade da luz. Ele está se aproximando da casa da Maria, quando a bola começa a cair. O que será que o João vê? Lembre-se de que, para o João, quem está se movendo é a bola, e não ele. (Quando você passeia de carro, parece que é o mundo que está se movendo para trás, e não você para a frente.)

Primeiro, o João verá a bola achatada na mesma direção em que ela está se movendo; em vez de a bola parecer redonda, sua forma será a de uma melancia em pé. Esse efeito é chamado de "contração espacial". Quando alguém vê um objeto em movimento, como o João vê a bola, esse objeto parece achatado na direção de seu movimento. Se o João pudesse viajar na velocidade da luz (o que ele não pode), o objeto desapareceria! Claro, a Maria e o seu irmão continuariam a ver a bola normalmente. (Diga-se de passagem, ao passar em seu supercarro, o João também veria a Maria e o irmão dela meio achatados, uma imagem bastante estranha.)

Segundo, para o João, a bola demorará mais a cair do que para a Maria. Pois é, as coisas demoram mais tempo para acontecer quando em movimento. Esse efeito é chamado de "dilatação temporal", e significa que o tempo passa mais devagar para um relógio em movimento. A bola não é um relógio, mas demora um certo tempo para bater no chão. Para o João, esse tempo será maior do que para a Maria. É por isso que dizemos que as coisas são relativas, dependendo de quem as está vendo, do movimento relativo delas. O João vê a bola em movimento, mas a Maria, não (só caindo). É um mundo estranho, o das coisas percebidas em grandes velocidades. Nós não percebemos esses achatamentos espaciais e dilatações temporais porque nossas velocidades são muito baixas comparadas com a da luz. Mesmo um foguete ultrarrápido, viajando a 36 mil quilômetros por hora, é 30 mil vezes mais lento do que a luz. Portanto, embora a bola seja um pouquinho achatada quando o João passa pela Maria a 60 quilômetros por hora, a diferença é completamente imperceptível.

Esses efeitos estranhos são provocados pela luz, cujo comportamento é muito peculiar, diferente do de todas as outras coisas que se movem. Imagine que você está no carro com o João, passando pela casa da Maria a 60 km/h, e joga uma bola a 20 km/h na mesma direção em que o carro está se movendo. (Vamos supor que não existe vento, para que possamos ignorar a resistência do ar, que só complica as coisas. Afinal, este é um experimento imaginário, do tipo que o Einstein gostava de fazer.) Para você, a bola viaja a 20 km/h, certo? E para a Maria, sentada, ainda, na escada da frente? Ela verá a bola movendo-se a 80 km/h, os 20 da bola mais os 60 do carro. Até aqui, tudo bem. Agora, imagine que, em vez de uma bola, você tem uma lanterna. Quando você a acende, a luz viaja a 300 mil km/s. Será que a Maria veria então a luz viajando a mais de 300 mil km/s, os 300 mil km/s da luz mais os 60 km/h do carro? Se a luz fosse normal, a resposta seria sim. Mas ela não é normal. O que o Einstein propôs em sua teoria é que a luz viaja sempre na mesma velocidade, de 300 mil km/s, independentemente do movimento de sua fonte. Portanto, mesmo se o carro do João viajasse a 100 mil km/s, a Maria ainda veria a luz viajando a 300 mil km/s, e não a 400 mil km/s. A velocidade da luz não tem nada de relativa: é sempre, absolutamente, a mesma. O aspecto mais importante da Teoria da Relatividade não tem nada de relativo!

O QUE A CIÊNCIA EXPLICA E O QUE ELA NÃO EXPLICA

Não adianta perguntar por que a luz é assim. Nós não sabemos. O que sabemos é que essa hipótese (Einstein chamou-a de "princípio da constância da velocidade da luz") explica uma série de observações feitas em laboratório. A coisa é meio parecida com as ideias de Bohr sobre o átomo. Ele não sabia por que as órbitas dos elétrons eram separadas, como os degraus de uma escada. Mas, uma vez aceita essa suposição, a teoria estava de acordo com os resultados experimentais. Assim funciona a ciência. Ela não tem todas as respostas, nem se propõe a tê-las. Para explicarmos alguma coisa, temos sempre de supor outras. Portanto, não existe uma explicação final sobre tudo, apenas explicações que se tornam cada vez mais completas, que estão cada vez mais de acordo com o que podemos observar e medir. É por isso que dizemos que a ciência está sempre avançando, que nossas explicações dos fenômenos naturais são cada vez melhores, mas nunca perfeitas.

Voltando à luz, ainda bem que nada pode viajar mais rápido do que ela. Afinal, a velocidade da luz é a velocidade em que a informação viaja no espaço. Quando vemos algum objeto, é porque ele reflete luz, que é então registrada pelos nossos olhos. Se algo pudesse viajar mais rápido do que a luz, poderíamos saber das coisas antes de elas acontecerem! Em consequência, poderíamos, por exemplo, viajar para o passado. Imagine só a confusão que seria se fôssemos visitar nossos pais antes de eles se casarem... Apesar de existirem algumas discussões sobre

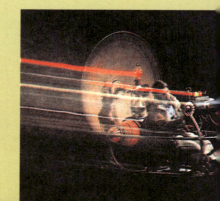

No cinema, já existem máquinas do tempo >

máquinas do tempo capazes de nos levar para o passado e para o futuro, deve-se dizer que não vemos, na prática, como elas poderiam ser construídas. O que não é de todo mau. É bom deixarmos espaço para a imaginação, criando mundos que só existem na fantasia. Sem sonhos fica difícil criar. Quem sabe um dia alguém não terá uma ideia revolucionária sobre viagens no tempo? Afinal, como a história da ciência nos mostra com muita clareza, o que hoje é impossível pode se tornar realidade amanhã. Eu gosto de apostar na criatividade das pessoas, na nossa capacidade de nos maravilhar com os mistérios da Natureza e de nos inspirar neles. Talvez seja você quem dará o próximo grande passo!

UM ENCONTRO COM XYZ, O EXTRATERRESTRE

Einstein não se deu por satisfeito. Sua Teoria da Relatividade de 1905 era restrita a velocidades constantes (daí o nome dela ser Teoria da Relatividade Especial). Ele sabia muito bem que, em geral, na Natureza os movimentos são sempre acelerados, com mudanças de velocidade. Por exemplo, para um carro começar a andar, ele tem de acelerar; para ele parar, tem de desacelerar. Como incorporar movimentos acelerados na Teoria da Relatividade?

Mais uma vez, podemos usar um experimento imaginário para entender as ideias de Einstein.

Imagine que um dia, ao voltar da escola, você encontra um ser extraterrestre e ele o convida para participar de uma experiência no espaço. Nosso amigo alienígena, que se chama XYZ, tem apenas dez centímetros de altura e cabeça prateada, pede que você entre numa espécie de caixa de metal sem janelas. Como ele é muito simpático e parece inofensivo, você topa. Na caixa metálica, escuta o XYZ explicando o que tem de fazer. Primeiro, você tem de tirar uma soneca lá dentro. No meio de um sonho com máquinas do tempo e dinossauros, você acorda com a voz do XYZ:

— Vamos lá, que está na hora!

— Tudo bem, XYZ. Não precisa gritar! — você responde, bocejando.

— Desculpe. É que eu fico emocionado com essas experiências. Você tem de responder às perguntas que vou fazer. Consegue ficar em pé sem problemas?

— Consigo, XYZ. Tudo normal.

— Pegue aquela bola e deixe-a cair no chão, marcando quanto tempo demora. Pode usar o cronômetro na parede. Baseado na sua medida, você tem de me dizer onde está, se está na Terra ou em outro lugar do Universo.

— OK, XYZ. Feito. A bola demorou 0,45 segundo para cair da altura de um metro, o mesmo tempo que demoraria na superfície da Terra. Eu me lembro disso da aula de física da professora Mônica. Ainda bem que prestei atenção, senão...

— OK. Concentração, por favor — berra o XYZ.

— Tudo bem. Desculpa.

— Agora, aperte aquele botão vermelho e veja o que acontece.

Você aperta o botão e não pode acreditar nos seus olhos: o metal que reveste as paredes da caixa se transforma numa espécie de cristal transparente e você pode ver que o foguete do XYZ está rebocando a caixa de cristal. Ele então diz:

— Agora você está vendo que se o meu foguete puxar a caixa com a mesma aceleração da força da gravidade na Terra, você não poderá dizer com certeza onde está!

— Uau, XYZ, é verdade! É o mesmo efeito que sentimos quando estamos num elevador bem rápido: quando ele está descendo acelerado, nos sentimos mais leves; quando ele está subindo acelerado, nos sentimos mais pesados. Isso significa que não podemos distinguir entre a força da gravidade e um movimento acelerado?

— Exatamente, terráqueo — responde o XYZ. — Um cientista humano já havia descoberto isso em torno de 1907... um tal de Einstein, quase tão brilhante quanto os nossos cientistas.

ENCURVANDO O ESPAÇO E O TEMPO

Einstein podia não ser tão brilhante quanto os cientistas do planeta de xyz, mas, aqui na Terra, foi imbatível. Com sua descoberta de que a aceleração e a gravidade são essencialmente a mesma coisa, ele concluiu que qualquer teoria da relatividade que incluísse aceleração deveria ser uma nova teoria da gravidade: estava na hora de revisar Newton. Voltando à caixa do xyz, se você jogar uma bola na horizontal, ela irá descrever uma curva até cair no chão. Isso ocorre devido à aceleração da gravidade, como vemos o tempo todo aqui na Terra, ou, se a caixa estiver sendo rebocada pelo foguete do xyz, devido à sua aceleração. E se você acender uma lanterna na horizontal? Será que o raio de luz que sai da lanterna viajará numa linha reta? A resposta é surpreendente: não! O que o Einstein descobriu foi que a gravidade pode encurvar a trajetória de um raio de luz. E, sendo muito esperto, ele inverteu o raciocínio e disse: "Em vez de dizermos que a luz descreve uma trajetória curva devido à gravidade, podemos dizer que o espaço é curvo e que a luz segue essa curvatura, como uma bola que cai do topo de um escorregador".

Não é muito difícil entender isso: imagine um colchão bem macio. Se você não puser nada em cima dele, ele será bastante plano, como a superfície de uma mesa. Essa é uma geometria plana. Mas se você puser uma bola de boliche no meio do colchão, ele se encurvará em torno dela, e qualquer objeto que passar perto da bola de boliche será "atraído" para junto dela devido à curvatura à sua volta. É essa a essência da ideia de Einstein sobre a gravidade: pode-se interpretar a gravidade como sendo a curvatura do espaço em torno de um objeto maciço.

Você pode fazer essa experiência pondo qualquer objeto pesado em cima de um colchão e jogando bolinhas de gude próximo dele: quanto mais perto elas passarem do objeto, mais suas trajetórias se desviarão de uma linha reta.

Agora eu entendo por que meu irmão Rogério gostava de jogar bolinhas de gude em cima do colchão. Muito esperto, ele punha a mão sobre o colchão, encurvando-o e desviando minhas bolinhas, que jamais batiam nas dele: eu mirava imaginando uma linha reta, e elas sempre acabavam descrevendo uma linha curva.

Como a gravidade encurva o espaço, temos de esperar que, no mundo da relatividade, ela vá fazer alguma coisa com o tempo também. Pois bem, quanto mais forte a gravidade, mais devagar passa o tempo! Um relógio no alto de um arranha-céu bate mais rápido do que um relógio no andar térreo. Isso porque o relógio no andar térreo está mais próximo da superfície da Terra, onde a gravidade é maior do que no alto do arranha-céu. Claro, aqui o efeito é minúsculo, e só pode ser medido por relógios altamente precisos. Mas as previsões de Einstein sobre a curvatura do espaço e a passagem do tempo na presença de gravidade foram confirmadas por diversas observações astronômicas, sobretudo perto de estrelas, onde a gravidade é bem maior do que aqui na Terra. Não era mais necessário imaginarmos, como Newton, que a gravidade se devia a uma misteriosa ação à distância entre dois objetos com massa. Bastava, como propôs Einstein, considerar a gravidade como a curvatura do espaço em torno de um objeto com massa; os objetos "atraídos" por essa massa simplesmente "caíam" nesse escorregador gravitacional.

O UNIVERSO E O BALÃO

Nossa visão do Universo mudou completamente depois que Einstein propôs a Teoria da Relatividade Geral, que mostra como a geometria do espaço e a passagem do tempo se modificam devido à presença de objetos maciços. Ele mesmo foi o primeiro a sugerir que sua teoria podia ser usada para estudar como Mercúrio gira em torno do Sol, já que esse planeta, sendo o mais próximo do Sol, é o que mais sente a curvatura do espaço em torno do astro rei. Esse estudo era necessário porque a teoria de Newton não explicava o pequeno desvio sofrido pela órbita de Mercúrio. A teoria de Einstein, por sua vez, conta entre seus grandes sucessos o fato de explicar exatamente esse desvio. Entusiasmado, Einstein queria calcular o tamanho do Universo usando sua teoria. Nada mau, uma teoria científica poder calcular o tamanho do Universo, não?

Ele propôs que o Universo era sempre o mesmo, que não mudava com o tempo. Não foi culpa dele, mas das observações astronômicas da época, que indicavam isso. Já imagino você perguntando: "O Universo muda com o tempo? Como assim?". Bem, a ideia é olharmos para as galáxias espalhadas pelo Universo. É bom imaginá-las como se fossem ilhas de estrelas num oceano gigantesco, o Universo. Nós vivemos numa galáxia chamada Via Láctea. O Sol é apenas uma entre mais ou menos 300 bilhões de estrelas na nossa galáxia. A Via Láctea é nossa ilha de estrelas no vasto Universo. Mas existem outras centenas de bilhões de galáxias, cada uma delas com milhões ou bilhões de estrelas! Nós somos bastante insignificantes, quando nos deparamos com a imensidão do cosmo. Só como exemplo, nossa galáxia vizinha, chamada Andrômeda, fica a aproximadamente 2 milhões de anos-luz de distância do Sol. Ou seja, a luz, viajando a 300 mil quilômetros por segundo, demora 2 milhões de anos para vir de Andrômeda até nós. E essa é a nossa galáxia vizinha!

Quando falamos num Universo que muda com o tempo, queremos dizer que as distâncias entre as galáxias mudam com o tempo. Em 1929, o astrônomo americano Edwin Hubble descobriu que as galáxias estão se afastando umas das outras em velocidades que aumentam com a distância: vista aqui da Terra, quanto mais longe estiver uma galáxia, mais rápido ela se afasta. Um astrônomo extraterrestre, vivendo em outra galáxia, concluiria a mesma coisa. Baseados nas observações de Hubble, astrônomos propuseram que o Universo está em expansão, como se fosse a superfície de um balão. Podemos entender isso se imaginarmos um balão pintado de pontos negros, cada ponto equivalendo a uma galáxia: se o balão inflar, os pontos negros se afastarão uns dos outros, como as galáxias no Universo.

Você pode fazer facilmente essa experiência em casa. É só arranjar um balão, pintar pontos negros nele e observar o que ocorre com os pontos quando o balão cresce. É isso que significa um Universo em expansão: a própria geometria (a superfície do balão) muda com o tempo, "carregando" as galáxias como se elas fossem rolhas boiando num rio. (Só que, no Universo, as galáxias não crescem com a expansão, como crescem os pontos negros no balão!)

Uma das maiores broncas que levei na vida foi por causa de balões. Na festa de aniversário de um amigo, eu peguei um garfo e resolvi estourar todos os balões que encontrava pela casa, pulando feito um maluco para alcançar os que estavam pendurados mais no alto. Era uma batalha contra monstros de outros planetas, e eu tinha de destruí-los e salvar o mundo. Nesse "pula-pula", acabei rasgando as calças bem no traseiro, e tive de passar o resto da festa sentado, para que não vissem minha cueca. Não só levei bronca por ter estourado os balões e rasgado as calças, como quase morri de vergonha...

O BIG-BANG

Talvez você já tenha ouvido falar no big-bang, o evento que marcou o início da história do Universo. A ideia vem justamente das descobertas do Hubble: se o Universo está em expansão, então deve ter sido menor no passado. Se voltarmos bastante no tempo, ele era tão pequenino que as galáxias estariam amontoadas e a matéria, comprimida num volume mínimo. Esse seria o estado inicial do Universo. Hubble calculou que teriam de se passar mais ou menos 2 bilhões de anos para as galáxias, partindo desse estado comprimido, chegarem até as distâncias que ele mediu. Esse resultado acabou gerando enorme confusão entre os astrônomos. Afinal, já se sabia na época que a Terra tinha mais que 2 bilhões de anos. Como é que o Universo, que contém a Terra, podia ser mais novo do que ela? A filha era mais velha do que o pai? Eram loucos, aqueles astrônomos? Só em 1952 é que medidas mais exatas mostraram que o Universo era suficientemente mais velho do que a Terra. Hoje, após grandes descobertas no campo da astronomia (e muita discussão entre os astrônomos, nem sempre muito amigáveis), sabemos que o Universo tem cerca de 14 bilhões de anos. Pois é, sabemos a idade do Universo, o tempo que passou desde o big-bang.

Tenho certeza de que você está se perguntando: "Calma aí! E o que estava acontecendo antes de o Universo surgir?". Boa pergunta! Só que não faz sentido... O que você responderia se eu perguntasse qual a cor dos seus olhos antes de você nascer? Ou o que está ao norte do polo norte? Muito perto do momento inicial, não era possível falar em tempo e espaço do mesmo jeito que falamos hoje. Isso porque, nos primeiros instantes, o Universo era tão pequeno que seu tamanho podia ser comparado ao de um átomo. E, nessas circunstâncias exóticas, até o tempo e o espaço têm de seguir as regras da física quântica, onde não existe nada contínuo, como vimos ao discutir as órbitas dos elétrons em torno do núcleo atômico. Nessa bagunça espacial e temporal, não faz sentido falarmos num tempo fluindo normalmente para diante. Antes do big-bang, o tempo simplesmente não existia.

Usando a teoria de Einstein e a física nuclear, no final da década de 1940 o cientista russo George Gamow propôs um modelo

detalhado de como o Universo se comportou desde os primórdios. Ele até previu que, se o Universo fosse mesmo muito quente no início de sua existência, estaria banhado de radiação, como uma banheira cheia d'água. Só que, claro, essa radiação não tem nada a ver com a água! Ela é radiação eletromagnética principalmente em micro-ondas. A previsão de Gamow foi comprovada em 1965, quando dois cientistas descobriram a tal da radiação que ele e seus colaboradores haviam antecipado.

Nos últimos dez anos, centenas de experimentos foram realizados para estudar as propriedades dessa radiação, conhecida como "radiação cósmica de fundo". Ela nos fornece um retrato do Universo quando ele era bem jovem, com a tenra idade de 300 mil anos, o que é nada perto de 14 bilhões de anos. Por que 300 mil anos? Porque foi nessa época que a radiação cósmica de fundo apareceu, junto com os primeiros átomos de hidrogênio, o elemento químico mais comum do Universo. Por isso hoje afirmamos que o modelo do big-bang está correto; é que ele está de acordo com a existência da radiação cósmica de fundo e com a expansão do Universo, como um bom modelo científico. O que não significa que esteja completo. Longe disso! Dedico boa parte de minha pesquisa a tentar melhorar o modelo, preenchendo os buracos de nossa compreensão aqui e ali. Por exemplo: como surgiu o Universo? Será que podemos entender essa questão por meio de cálculos científicos? E as galáxias, como elas surgiram? Como se distribuem pelo Universo? Será que o Universo irá continuar sua expansão para sempre? Ou será que ela se reverterá um dia e o Universo começará a encolher, como um balão que começa a murchar? Como você pode ver, essas perguntas são tão fascinantes quanto complicadas. Nós precisamos da sua ajuda!

< Telescópio do observatório Naval dos Estados Unidos

FALANDO DE VIDA E DE GIRAFAS

Como o título deste livro é *O livro do cientista*, não posso deixar de falar na ciência que estuda a vida, a biologia. Sendo físico, tendo sempre a puxar a sardinha para o meu lado, o que, espero, seja compreensível. Seria mesmo muito difícil falar sobre todas as áreas da ciência, da astronomia à zoologia! Mas a biologia moderna é tão fantástica que para mim é indispensável falar pelo menos sobre algumas partes dela, principalmente aquelas voltadas para o estudo da evolução da vida na Terra, a chamada Teoria da Evolução.

Quando eu tinha em torno de nove anos, passava dias inteiros nas férias de verão procurando bichos e insetos para a minha coleção. Eram aranhas, borboletas — que meu pai me ensinou a pegar e pôr com um pino no meio sobre papel-cartão —, besouros — que eu deixava passear sobre minha camisa e chamava de "medalhas vivas" — e muitos outros. Tinha até dois morcegos, que eu cacei usando uma vara de bambu e pus dentro de uma lata grande. Para minha surpresa, um deles continuava vivo, subiu no outro e começou a sugar seu sangue, igual em filme de vampiro... Minha avó quase colapsou quando viu o espetáculo, que eu mostrava com imenso orgulho para toda a família. Esse foi o fim das minhas experiências sobre a diversidade das espécies.

No século XIX, Charles Darwin, um jovem brilhante e aventureiro, deixou sua amada Inglaterra e partiu para a América do Sul num navio da marinha inglesa, o *HMS Beagle*. Ele ia cheio de ideias, decidido a estudar as espécies animais nos vários lugares

onde o *Beagle* parava. Darwin estava também bastante interessado em geologia, a parte da ciência que trata da estrutura rochosa da Terra, suas várias camadas (ou estratos), que se superpõem como as camadas de um bolo. Havia lido um livro do geólogo Charles Lyell que dizia que a Terra estava sempre em transformação, com essas camadas se movendo muito, muito devagar. Pode-se comparar a velocidade dessas camadas, chamadas bem mais tarde de "placas tectônicas", à velocidade de crescimento de suas unhas, que aumentam apenas alguns centímetros por ano. (Você sabia que a África e o Brasil eram ligados no passado? Olhe um mapa e veja como as duas costas se encaixam.)

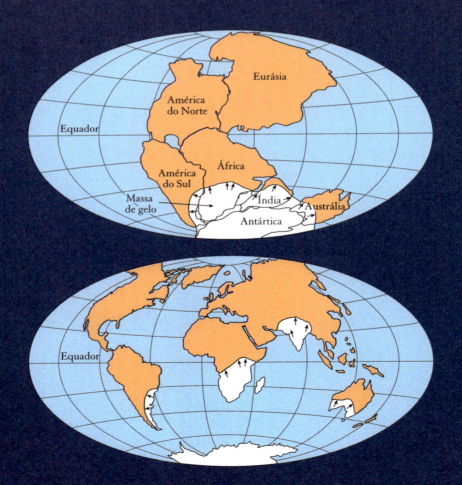

Hoje sabemos que as camadas rochosas na superfície da Terra "boiam" sobre camadas mais fluidas (e mais quentes) e vão aos poucos mudando de posição. Quando duas camadas se encontram, ocorrem terremotos tão violentos que se podem criar cadeias de montanhas: foi assim que surgiram a cordilheira dos Andes na América do Sul, os Alpes na Europa, o Himalaia na Ásia, e muitas outras. Imagine o que acontece quando duas ondas se encontram e as cristas sobem no ponto da colisão. Pois é, algo semelhante acontece com as camadas da Terra.

Ao chegar na costa do Chile, Darwin foi logo explorar as montanhas dos Andes que separam esse país da Argentina. E qual não foi sua surpresa quando ele descobriu conchas marinhas a 4 mil metros de altura! No passado, essas montanhas imensas eram mar: conforme elas foram crescendo, "rebocaram" o que existia à sua volta, inclusive as conchas. O interessante, notou Darwin, era que os animais de cada lado da cordilheira, do argentino e do chileno, eram muito diferentes uns dos outros. Mas como isso era possível? Afinal, os animais deveriam ter continuado a ser os mesmos depois que as montanhas apareceram e os separaram, certo? A única explicação para as diferenças era que as espécies dos dois lados da cordilheira haviam se transformado com o tempo.

Darwin concluiu que, com o passar do tempo, os animais sofrem transformações inesperadas, que hoje chamamos de "mutações". Em raríssimos casos essas mutações podem ajudar a espécie a sobreviver. Por exemplo, a girafa tem hoje o pescoço comprido: assim, ela pode alcançar as folhas mais tenras no alto de árvores, enquanto outros animais herbívoros (os que comem plantas) não podem. Sem dúvida, o fato de ter o pescoço comprido dá vantagem à girafa. Note também que ela tem uma camuflagem natural, com aquelas manchas marrons, que a ajuda a se esconder de seus predadores, como os leões e os leopardos. Contanto, é claro, que ela não estique aquele pescoção para cima quando houver um leão por perto.

Esse processo, em que mutações raras podem ajudar a sobrevivência de uma espécie, se chama "seleção natural", e é a ideia mais importante da teoria de Darwin sobre a evolução dos animais. Quando Darwin propôs sua teoria, a maioria das pessoas acreditava que todos os animais haviam sido criados por Deus e sobrevivido na arca de Noé, conforme está escrito na Bíblia. Por exemplo, muitos diziam que os dinossauros foram extintos durante o Dilúvio, porque eles eram grandes demais para caber na arca de Noé. Você pode imaginar o choque geral. Principalmente quando Darwin mostrou que também o homem tinha evoluído, como toda espécie animal, e que nossos antepassados eram os macacos! Infelizmente, até hoje muitas pessoas se recusam a aceitar nossas origens, afirmando que a Teoria da Evolução está errada e que a Bíblia é que explica como a vida se desenvolveu na Terra. Talvez elas tenham vergonha de ser "parentes" dos macacos. Eu, de minha parte, acho que basta olharmos no espelho. Qualquer semelhança *não é* mera coincidência!

AS CIÊNCIAS NATURAIS

Astronomia Além de investigar o Universo — sua origem, propriedades e evolução —, estuda os objetos que existem nele, como os planetas, as estrelas e as galáxias.

Biologia Estuda as origens, as características físicas e os hábitos dos seres vivos, assim como as relações entre eles.

Botânica Ramo da biologia que estuda e classifica as plantas.

Cosmologia Campo da astronomia e da física que estuda a origem, a evolução e as propriedades físicas do Universo como um todo.

Física Investiga os processos que envolvem todas as formas de matéria inanimada, desde as escalas subatômicas até o próprio Universo.

Geologia Estuda as propriedades físicas da Terra — que incluem, entre outras, a estrutura e o desenvolvimento de sua crosta, a composição de seu interior e os tipos de rochas —, bem como as várias eras na sua história.

Matemática O conjunto de ciências (entre elas, a álgebra, a aritmética, a geometria e o cálculo) que usam números e símbolos para lidar com as relações e propriedades de quantidades, magnitudes e formas.

Química Estuda a constituição, as propriedades e as transformações das substâncias que compõem o mundo natural, animado e inanimado, assim como as reações que ocorrem entre essas substâncias.

Zoologia Ramo da biologia que estuda os animais, suas características, evolução e classificação.

DIZE-ME OS TEUS GENES QUE TE DIREI QUEM ÉS

No século xx, descobriu-se que cada célula do seu corpo carrega uma quantidade enorme de informação que define quem você é: qual a cor dos seus olhos, da pele, dos cabelos, qual o seu sexo, qual a sua altura etc. Esses armazéns de informação são chamados de "genes", e a parte da biologia que estuda os genes é a genética. Ninguém tem exatamente os mesmos genes, a não ser gêmeos idênticos.

O interessante é que cada espécie animal tem seu código genético, o conjunto de genes que define as características da espécie. Nós e os chimpanzés temos um código genético quase idêntico: apenas 2% de diferença! Como eu disse antes, qualquer semelhança não é mera coincidência: nós somos geneticamente muito parecidos com os macacos. Por outro lado, esses 2% de diferença no código genético são muito importantes. Afinal, nós não passamos a vida trepando em árvores e os macacos não estudam biologia.

As mutações que transformam as características de uma espécie (o tamanho do pescoço da girafa, por exemplo) ocorrem nos genes e são causadas por fatores externos, como a radioatividade de algum mineral ou uma reação química. Elas são completamente acidentais e raras vezes são úteis. Em geral, o ser mutante morre cedo, ou nem chega a nascer. Mas quando uma mutação é útil, o animal mutante sobrevive melhor e transmite sua informação genética aos filhotes. Aos poucos, a espé-

Pesquisa genética >

cie inteira se transforma, o que pode demorar muito tempo. Mais de 3 milhões de anos se passaram até que os primeiros primatas que andavam sobre duas pernas se transformassem em seres humanos como nós.

Hoje, sabemos exatamente onde encontrar a informação genética das espécies. Uma grande parte do nosso código genético já foi estudada e arquivada num projeto internacional chamado Genoma Humano. Essas descobertas irão revolucionar a medicina do futuro: apoiada numa nova ciência — a engenharia genética — ela poderá curar, por meio de modificações diretas nos genes, muitas doenças que hoje afligem milhões de pessoas. O século XXI, o seu século, será o século da genética, que, aliada a descobertas na física, na química e na engenharia, irá transformar profundamente nossas vidas.

NAMORANDO A NATUREZA

Acho que todo cientista namora a Natureza. Eu certamente namoro. Meu pai, quando descobriu que eu queria mesmo "contar estrelas" pelo resto da vida, entendeu que era melhor não se meter nesse namoro. E como não se apaixonar por este mundo maravilhoso? Vivemos tão ocupados que quase nunca percebemos a magia da Natureza. Mas é só dar uma olhada à nossa volta — um parque cheio de árvores, passarinhos e insetos; o mar cheio de peixes, conchas e ondas; muita luz por toda parte; o céu azul; as nuvens brancas flutuando na atmosfera — e nos deparamos com essa incrível harmonia, como se um maestro invisível estivesse regendo uma sinfonia que ninguém consegue escutar. Essa é a música da Natureza, que os cientistas tentam aprender, nota por nota. E lá se vai nosso pequeno planeta azul, girando em torno de uma estrela chamada Sol, que dança junto a bilhões de outras estrelas em nossa galáxia, a Via Láctea. E lá se vai a Via Láctea, flutuando em meio a bilhões de outras galáxias pela imensidão do espaço, num Universo que continua crescendo, crescendo, crescendo...

Marcelo Gleiser nasceu no Rio de Janeiro, em 1959. Além de pesquisador e professor de astronomia e física, é um dos principais autores de divulgação científica no Brasil. Publicou os livros *A dança do Universo* (Prêmio Jabuti), *Retalhos cósmicos*, *O fim da Terra e do Céu* (Prêmio Jabuti) e *A harmonia do mundo*, todos pela Companhia das Letras. Mantém uma coluna sobre ciências na *Folha de S.Paulo*, escreveu e apresentou duas séries para o programa *Fantástico* da TV Globo, "Poeira das estrelas" e "Mundos invisíveis", e participa regularmente de documentários nos Estados Unidos e em outros países. Em 2001, recebeu o Prêmio José Reis de Divulgação Científica.

Doutor pelo King's College da Inglaterra, dá aulas no Dartmouth College, em New Hampshire, nos Estados Unidos, e vem recebendo bolsas de pesquisa da National Science Foundation, da NASA e da OTAN. Em 1994 foi premiado pelo presidente americano Bill Clinton com o Presidential Faculty Fellows Award, por seu trabalho de pesquisa em cosmologia e por sua dedicação ao ensino.

Marcelo Gleiser

CRÉDITO DAS ILUSTRAÇÕES

Todos os esforços foram feitos para determinar a origem das imagens usadas neste livro. Nem sempre isso foi possível. Teremos prazer em creditar as fontes, caso se manifestem.

Capa Gravura que ilustra a discussão científica sobre a trajetória dos cometas, in *Cometographia* (1668), de Johannes Hevelius. Reprodução. Foto da galáxia espiral NGC 4414, tirada pelo telescópio espacial Hubble. Instituto de ciências do telescópio espacial Hubble. Nasa. Montagem com família Saturno e vista da superfície lunar. Observatório Lick. Nasa. Reprodução.

Quarta capa Radiografia de arcada dentária. Reprodução. Sistema de Ptolomeu. Ilustração das crônicas de Nuremberg. Reprodução. Representação artística do big-bang. Reprodução.

p. 6 *Impossível*, cópias segundo as ilustrações de *Herapolo*, de Albrecht Dürer. Reprodução. *O espetáculo das horas*, cópias segundo as ilustrações de *Herapolo*, de Albrecht Dürer. Reprodução. Três símbolos da Trindade (1621), de Robert Fludd. Frankfurt, Utriusque Cosmi II, Tomi Secundi. Reprodução.

pp. 6-7 O sistema solar. Reprodução.

p. 7 Imagem da boa fortuna, Diovis (1886), de Giordano Bruno. Heidelberg, Universitätsbiblioothek. Reprodução. Dragão lunar. Heidelberg, Universitätsbiblioothek. Reprodução. Coração (íbis). Cópia segundo o *Herapolo*, de Dürer. Reprodução. Reprodução.

p. 8 Reprodução.

p. 10 Carta celeste do hemisfério Sul. Reprodução.

p. 11 Meu pai, numa de suas horas vagas, em março de 1990. Acervo Marcelo Gleiser.

p. 12 O autor, com um ano de idade. Acervo Marcelo Gleiser. O autor, na formatura do primário, por volta dos dez anos. Acervo Marcelo Gleiser.

p. 13 Desenho de um narval. Reprodução.

p. 15 As colônias gregas por volta de 550 a.C. Companhia das Letras.

p. 16 Hércules tenta roubar o trípode sagrado do oráculo de Apolo, que se recusou a responder perguntas feitas pelo herói. Reprodução.

pp. 18-9 Franciscus Aguilonius (1611). Berlim, Stadtbibliothek Mainz. Reprodução.

p. 21 Galileu aos sessenta anos, gravura de Ottavio Leoni. Reprodução.

p. 23 Luís XIV visita o Observatório de Paris em 1682. Reprodução.

p. 24 *Louis Pasteur* (c. 1885), óleo sobre tela de Albert Edelfelt. Foto Blot/Lewandowski. Paris, Museu d'Orsay. Copyright © by RéOunion des Musées Nationaux / Art Resource, NY.

p. 26 Sistema de Ptolomeu. Ilustração das crônicas de Nuremberg.

p. 27 Lua. Reprodução.

p. 28 Cometa Halley, 8 de março de 1996. W. Liller, Ilha de Páscoa, International Halley Watch (IHW). Large Scale Phenomena Network Nasa. Telescópio de Galileu. Florença, Istituto e Museo di Storia della Scienza.

p. 29 Montagem com família Saturno e vista da superfície lunar. Observatório Lick. Nasa.

p. 30 Gravura que ilustra a discussão científica sobre a trajetória dos cometas, in *Cometographia* (1668), de Johannes Hevelius. Reprodução.

p. 32 O céu de Copérnico (1661), de Andreas Cellarius. Copyright © by Bettmann/CORBIS.

p. 33 Aristóteles. Reprodução.

p. 34 Retrato de Galileu por Ottavio Leoni, The Bridgeman Art Library. Retrato de Johannes Kleper por Jean-Leon Hunges. Retrato de Issac Newton por Jean-Leon Hunges. Detalhe de *Antoine-Laurent Lavoisier e sua mulher* (1788) de Jacques Louis David. Nova York, The Metropolitan Museum of Art, Purchase, Mr. And Mrs. Charles Wrightsman Gift, in honor of Everett Fahy, 1977 (1977.10). Copyright da foto © 1989 by The Metropolitan Museum of Art.

p. 35 Retrato de Charles Darwin. Reprodução. Retrato de Albert Einstein. Reprodução.

p. 38 Apocalipse. Reprodução.

p. 42 Primeira página de *Philosophia Naturalis Principia Mathematica*, de Isaac Newton. Reprodução.

p. 44 Detalhe de *Le cabinet du monsieur Bonnièr de la Mosson* (c. 1750), de Jacques de La Joue. Reprodução.

p. 46 *Antoine-Laurent Lavoisier e sua mulher* (1788) de Jacques Louis David. Nova York, The Metropolitan Museum of Art, Purchase, Mr. And Mrs. Charles Wrightsman Gift, in honor of Everett Fahy, 1977 (1977.10). Copyright da foto © 1989 by The Metropolitan Museum of Art.

p. 47 Esquema do espectro de absorção. Copyright © 2003 by Companhia das Letras.

pp. 48-9 *Sol* (1617), de Robert Fludd. Reprodução.

p. 50 Tabela periódica dos elementos. Reprodução.

p. 55 Radiografias de arcadas dentárias. Reprodução.

p. 61 Esquemas: O átomo de Bohr — Absorção — Emissão. Copyright © 2003 by Companhia das Letras.

p. 62 *Albert Einstein*, de Andy Warhol. Copyright © 2003 by Andy Warhol Foundation for the Visual Arts/Ars, Nova York.

p. 68 "Máquina do tempo" criada para filme de George Pal. Reprodução.

p. 69 Imagem da boa fortuna, Diovis (1886), de Giordano Bruno. Heidelberg, Universitätsbibliothek. Reprodução.

p. 73 Esquema do movimento de bolinhas de gude sobre um colchão. Copyright © 2003 by Companhia das Letras.

pp. 74-5 Reprodução.

p. 78 Telescópio do Observatório Naval dos Estados Unidos, de Washington. Reprodução.

p. 82 Planisférios representando o movimento das placas tectônicas. Reprodução.

p. 87 Pesquisa de DNA. Reprodução.

p. 88 Estrutura de molécula de DNA proposta por Watson e Crick. Reprodução.

p. 89 Pintura do interior do Observatório de Paris. Reprodução.

p. 90 Foto da galáxia espiral NGC 4414, tirada pelo telescópio espacial Hubble. Instituto de ciências do telescópio espacial Hubble. Nasa.

p. 95 Detalhe de *Moonwalk* (1987), serigrafia em papel de Andy Warhol. Copyright © 2003 by Andy Warhol Foundation for the Visual Arts/Ars, Nova York.

Copyright do texto © 2003 by Marcelo Gleiser
Copyright das ilustrações © 2003 by Marcelo Cipis

Grafia atualizada segundo o Acordo Ortográfico da Língua Portuguesa de 1990, que entrou em vigor no Brasil em 2009.

CAPA E PROJETO GRÁFICO
Raul Loureiro

PESQUISA ICONOGRÁFICA
Luiz Henrique Ligabue F. Silva

ILUSTRAÇÕES DAS PP. 15, 49, 61, 73 E 82
Helen Nakao

REVISÃO
Renato Potenza Rodrigues
Ana Maria Barbosa

Dados Internacionais de Catalogação na Publicação (CIP)
(Câmara Brasileira do Livro, SP, Brasil)

   Gleiser, Marcelo
      O livro do cientista / Marcelo Gleiser ; ilustrações de Marcelo Cipis. — São Paulo : Companhia das Letrinhas, 2003.

      ISBN 978-85-7406-161-0

      1. Ciência – Literatura infantojuvenil I. Cipis, Marcelo, 1959 II. Título.

03-0262   CDD-028.5

Índices para catálogo sistemático:
1. Ciência: Literatura infantil: 028.5
2. Ciência: Literatura infantojuvenil: 028.5

12ª reimpressão

2021
Todos os direitos desta edição reservados à
EDITORA SCHWARCZ S.A.
Rua Bandeira Paulista, 702, cj. 32
04532-002 — São Paulo — SP — Brasil
☎ (11) 3707-3500
www.companhiadasletrinhas.com.br
www.blogdaletrinhas.com.br
/companhiadasletrinhas
companhiadasletrinhas
/CanalLetrinhaZ

Esta obra foi composta em Grajon, teve suas imagens escaneadas pela Graphbox•Caran, foi processada em CTP e impressa em ofsete pela Lis Gráfica em papel Alta Alvura da Suzano S.A. em janeiro de 2021

A marca FSC® é a garantia de que a madeira utilizada na fabricação do papel deste livro provém de florestas que foram gerenciadas de maneira ambientalmente correta, socialmente justa e economicamente viável, além de outras fontes de origem controlada.